创业者
礼仪素养与沟通技巧

吴朵美　丁　放　沈玉燕◎主　编
郑天翔　路　俊　胡　坚◎副主编
李　霞◎主　审

CHUANGYEZHE
LIYI SUYANG YU GOUTONG JIQIAO

首都经济贸易大学出版社
Capital University of Economics and Business Press
·北　京·

图书在版编目（CIP）数据

创业者礼仪素养与沟通技巧/吴朵美，丁放，沈玉燕主编．
--北京：首都经济贸易大学出版社，2021.7
ISBN 978-7-5638-3259-0

Ⅰ.①创… Ⅱ.①吴… ②丁… ③沈… Ⅲ.①商务—礼仪
②商业管理—公共关系学 Ⅳ.①F718②F715

中国版本图书馆CIP数据核字（2021）第151089号

创业者礼仪素养与沟通技巧
主　编　吴朵美　丁　放　沈玉燕
副主编　郑天翔　路　俊　胡　坚
主　审　李　霞

责任编辑	杨丹璇　徐燕萍
封面设计	砚祥志远·激光照排 TEL: 010-65976003
出版发行	首都经济贸易大学出版社
地　　址	北京市朝阳区红庙（邮编100026）
电　　话	（010）65976483　65065761　65071505（传真）
网　　址	http://www.sjmcb.com
E-mail	publish@cueb.edu.cn
经　　销	全国新华书店
照　　排	北京砚祥志远激光照排技术有限公司
印　　刷	唐山玺诚印务有限公司
成品尺寸	170毫米×240毫米　1/16
字　　数	201千字
印　　张	10.25
版　　次	2021年7月第1版　2021年7月第1次印刷
书　　号	ISBN 978-7-5638-3259-0
定　　价	32.00元

主编介绍

吴朵美，女，文学硕士，思政讲师。杭州市大学生创业导师，GCDF 全球职业规划师，BCC 全球生涯教练，国家二级职业指导师。从事大学生思想政治教育近 20 年，主要研究大学生职业生涯规划、创新创业教育。指导学生多次在浙江省大学生职业生涯规划大赛、大学生法律职业能力竞赛、中华经典诵读大赛中获奖，其中，指导学生获 2019 年浙江省互联网 + 创新创业大赛金奖。主持及参与市厅级课题 8 项，主编教材 2 部。

吴朵美

丁放，女，教育领导学硕士研究生，思政讲师。杭州市大学生创业导师、GCDF 全球职业规划师，BCC 全球生涯教练。指导多个学生创业团队荣获各级各类创业竞赛金奖。

丁 放

沈玉燕，女，企业管理博士，副教授。国家高级新媒体运营管理师，国家高级网络营销师；浙江省服务业联合会智库专家，浙江省供应链智库专家，浙江省高校创业导师库成员，浙江省大学生乡村振兴创意大赛评审专家。主持和主要参与省部级课题5项，主持杭州市厅级课题4项，参与多项国家社会科学基金重点/一般项目、国家自然科学基金项目等纵向项目、政府部门委托的横向课题和教学改革方面的课题研究，指导学生多次获得创新创业和职业规划大赛金奖。

沈玉燕

前 言

国家“一带一路”倡议为大学生创业提供了机遇，更提出了新要求。高校作为人才培养基地，不仅要注重科学文化知识的传授，更应该注重学生思想水平、道德品质、礼仪素养的提高，让学生成为德才兼备、全面发展的人才。

具备较高水平的礼仪素养和沟通技巧是大学生人际交往的需要，是提升新时代大学生文化内涵、情商能力和创业形象的需要，是构建和谐社会的需要。

礼仪素养和沟通技巧是人际交往的一把金钥匙。礼仪素养和沟通技巧本身就是一种特殊行为和语言的体现，提升礼仪素养和沟通技巧能够让大学生拥有更好的交往能力，为创业奠定良好的基础。

本书得到杭州师范大学钱江学院第六批教材建设项目资助（编号：QJJC0606）。本教材内容与其他教材内容相比更注重实践性和前瞻性。编者结合多年的教学实践与探索，取礼仪素养之精华，融合沟通技巧的提升，把这两个板块在公众路演方面进行落地性的衔接，突出教材的实用性。此外，将课程特点与创业实践进行有效融合，也是本教材创新的一个方面。

值得注意的是，在附录1 创业者说——创业案例集锦中，我们收集了大量的学生创业案例，涉及互联网科技业、文化传媒业、教育培训业、运动休闲业和贸易电商业五大行业，每个行业选择了一些经典案例编入教材，提升了教材的实用性。

本书由杭州师范大学钱江学院吴朵美、丁放、沈玉燕、郑天翔共同编写。其中，沈玉燕编写了第一章至第三章，吴朵美编写了第四章至第六章，丁放编写了第七章，郑天翔编写了附录。全书大部分照片由杭州礼乐教育科技有限公司路俊老师和胡坚老师指导创业学院的部分学生拍摄完成。礼乐教育公司的香君、范敏和吕风婷等助教做了大量的前期准备工作，她们认真地对前三章内容进行了结构调整与梳理；路俊老师梳理了第四章、第五章和第六章的结构；胡坚老师梳理了第七章的文字与图片内容。李霞老师对本书的文字做了指导性审核。首都经济贸易大学出版社的王玉荣老师为本书的总体框架设计提供了建设性意见，为本书出版付出了很多的精力。在此对以上老师一并感恩致谢，是她们的认真和执着促成了该书的顺利出版。

编　者

2021年3月于杭州

Contents

目　录

第一章　创业者的形象 角色定位

章节框架

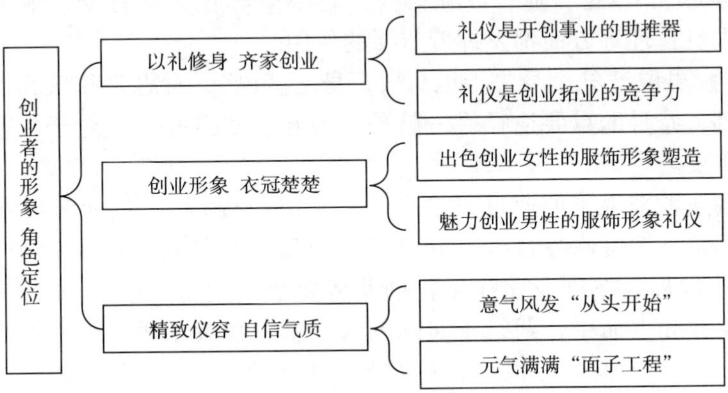

第一节　以礼修身 齐家创业

你必须相信一些东西——勇气、命运、生命、缘分，随便什么。这种相信从不会使我倒下，反而使我的生命与众不同。

——乔布斯

《礼记·大学》中有这样一段话："古之欲明明德于天下者，先治其国。欲治其国者，先齐其家。欲齐其家者，先修其身。欲修其身者，先正其心。欲正其心者，先诚其意。欲诚其意者，先致其知。"意思是说，古时那些想要在天下弘扬高尚品德的人，先要治理好自己的国家。想要治理好自己的国家，先要管理好自己的家庭。想要管理好自己的家庭，先要修养自身的品性。想要修养自身的品性，先要端正自己的思想。想要端正自己的思想，先要使自己的意念真诚。想要使自己的意念真诚，先要使自己获得知识。创业者创业立业，需要自我"修身雕琢"，以德育业，以礼修身。自身修养在人际社交、业务开拓、商务谈判、人员管理等方面都发挥着重要的作用。

《左传》里说"礼，身之干也。敬，身之基也"，意思是礼仪和敬重是立身处世的基础。修身的重要途径之一就是学习礼、实践礼。礼对于人来说，好比脊梁一样重要。

对于创业者来说，创业过程本身就是一次"修行"，创业者要在各种不同的场合、环境下慢慢修炼自我，日臻完善自我。礼仪修养就是一个"外于形，内于心"的过程。在创业路途中，创业者要重视礼仪，使礼仪"随身相伴"，将其融于事业和生命中，践行于实际的人、事、物关系里，处处、时时、事事依礼而行，做到"非礼勿视，非礼勿听，非礼勿言，非礼勿动"，待人真诚，沟通有度，举止大方，谈吐适度，善解人意，体谅他人，心胸坦荡，豁达大度，尊重他人，善待自己。

一、礼仪是开创事业的助推器

在社会交往中，人与人之间是平等的，要互相尊重，要懂得人情练达。这些都离不开礼仪素养。在创业过程中，礼仪就是一种与人相处的"纽带"，它能表达尊重、友善、和美的感情，能够使人感到温暖自在。良好的礼仪可以更好地展示出自己的长处和优势，可以获得对方的好感与信任，可以避免不必要的感情对立与矛盾冲突，可以赢得友好合作的新机遇，使人际关系更和谐、商业秩序更有序，进而有助于事业的发展。《淮南子》中说："君子行义，不为莫知而止休。"创业路上充满艰辛与挑战，面对的有顺境也有逆境，有诱惑也有风险，创业者要坚持创业初心，恪守商业规范，在做事与待人中提升礼仪素养，培养良好的礼仪品质，进而实现创业梦想。顺丰创始人王卫先生对自己20年来的创业生涯感悟颇深："人生有百分之九十九的东西你都控制不了，只有一个百分点你可以掌控，那就是做事的态度。一个人所拥有的财富和他的品格、素养成正比。正心正行才能办好企业，发展企业。"

二、礼仪是创业拓业的竞争力

创业者都知道，商业领域里竞争激烈，创业可能意味着"头破血流"，甚至“粉身碎骨”。创业者要生存、发展，需要有不败的竞争优势。在商业战场上打拼，企业的竞争力是技术、人才，而创业者最大的竞争力就是个人礼仪素养。在客户拜访、商务谈判、关系维护、人员管理、内外沟通、媒体公关、团队协作等方方面面，都要展现创业者的礼仪素养。礼仪就是创业过程中最好的“竞争力”“软实力”。向外求不如向内求，深谙并践行礼商之道就有了最硬核的自我保障。在漫漫创业征途中，既要热情奔放，也要客观理智；既要敢拼敢闯，也要头脑冷静；既要全力以赴，也要劳逸结合；既要大刀阔斧，也要审时度势……总之，礼的智慧始终表现在创业过程中：创业迷茫时不迷失自我，而要找回方向；创业失败时不丧失信心，而要自我激励；创业成功时不狂妄自大，而要谦逊低调。创业者唯有坚持礼仪修为方能在残酷的商业战场中立于不败之地，实现梦想。

第二节　创业形象 衣冠楚楚

一个人的穿着打扮，就是他的教养、品位和地位的真实写照。

——莎士比亚

服饰是一种社会文化的表现，也是人类文明的标志。一个人穿着得体，往往能体现出良好的文化修养和高雅的审美情趣，而穿着不当，则会降低人的身份，损害自身的形象。服饰所传达的情感与意蕴不是用语言所能替代的，它体现三大功能：实用、阶层象征和审美。在美国的一次形象塑造调查中，78%的人根据外表判断人，超过半数的人认为外表反映一个人的社会地位。因此，穿衣不纯粹是为了漂亮和时尚，也是为了自信。也有人说，一个人不能为悦己者而穿着，而要为自己的整个人生而穿着，这才是事业成功的诀窍。对于创业者来说，形象是走出去的品牌，是创业项目实力的隐性表达。

在如今“视觉印象”的时代，许多人不满自己的外表，或是对自己的才能和成就不满足。而精心设计、大方得体的穿着，不但可以掩盖这些不足，还可以衬托形体的优势，并在心理上消除由于不满外表而产生的焦虑，塑造健康自信的创业形象。

创业者着装总的原则是国际通行的 TPO 原则，即时间（Time）、地点（Place）和场合（Occasion）原则。时间原则是指着装要考虑时间，适应四季的变换，同时着装要符合时代感。创业者白天工作时间的着装以稳重大方为原则。在公关活动或社交活动中，着装则以典雅端庄为基本格调。晚间参加宴请、音乐会等社交活动，着装更加讲究。按照西方有些国家的规定，看歌剧或听音乐会，男士一律着深色晚礼服，女士要着端庄雅致的裙装，否则不准入场。地点原则是指不同环境需要与之相协调的服饰，以获得视觉和心理上的和谐感。场合原则是指服装与穿着场合气氛相和谐，工作场合要庄重大方，社交场合以时髦个性为宜，而休闲场合则应舒适随意。着装选择还要依据角色原则，指穿着服饰要符合自身的角色身份、职业定位，对创业者来讲就是要展现干练专业的形象，赢得客户、伙伴、合作方的信赖与肯定。

塑造富有个性和风格的创业形象时，男女服饰礼仪要求又有明显的不同。

推销从个人形象开始，服饰是人际关系的通行证。

——原一平

一、出色创业女性的服饰形象塑造

世界时装大师高田贤三认为，服装除了能说明他/她的身份和地位，更能影响他/她的感染力。有人甚至把个人的衣着称为“人类的第二肌肤”。职业女性的穿着应以简洁、明快且典雅为原则，旨在塑造专业而又精明的形象。

在所有适合创业女性在正式场合穿着的职业装中，套裙是名列榜首的选择。套裙给人以精明干练的感觉，最能体现女性魅力。

（一）套裙中的经典——西服套裙

在所有的套裙中，西服套裙是女性的经典职业着装，西服可塑造干练专业的形象。西服套裙分两种基本类型：一种是用女式西装上衣随意搭配一条裙子，称之为随意型；另外一种是女式西装上衣和与之成套设计、制作而成的裙子搭配，称之为标准型。

一般出席正式、隆重的会议和在迎宾接待的公务场合时，西服套裙的色彩以深蓝色、黑色和贵族灰色为主色，忌用轻浮、流行的时尚色系。商界女性至少备有一套此类基本色调的传统西服套裙。西服套裙的做工要精致得体，并应特别注意选配质地优良的鞋子。

根据商务礼仪规范，一套经典的可供创业女性在正式场合穿着的西服套裙，一般具有以下特点：由高档面料缝制；西装与裙子采用同一质地、同一色调的面料，注重平整、挺括、贴身；裙子以窄裙为主，正所谓“裙短则不雅，裙长则无神”，一般裙长及膝或过膝为宜（见图1－1）。造型上讲究为着装者扬长避短，因此提倡量体裁衣。

图1－1　西服套裙示例

（二）创业女性套裙着装原则

1. 重视质地

选择外形美观、质地上乘、做工考究的服饰能够为创业女性的商务活动锦上添花。

2. 色彩要正

女士的套裙色彩要兼顾身份、年龄、性格、体形等，更要与着装者从事商务活动的具体环境协调一致。一般冷色调的套装能体现着装者的端庄典雅。

3. 穿着到位

按照常规，创业女性在正式场合穿套裙时，上衣的衣扣要全部系上，上衣的领子要完全翻好，衣袋的盖子要拉出来盖住衣袋，裙子要穿得整整齐齐。

4. 区分场合

创业女性在正式场合适宜穿套裙，一般场合可选用简约、品质好的上装和裤装，并配以女式高跟鞋，要求“时尚而不性感”。创业女性出席宴会、音乐会时，酌情选择协调的礼服或时装。旅游购物或健身时可穿休闲或运动服。

5. 整体和谐

创业女性穿着装扮讲究和谐的整体美，要懂得如何巧妙地装饰、点缀，可以适当将几组套装巧妙地搭配穿用，既有时尚品位又免于死板。

（三）套裙的配饰

套裙的配饰，宜精不宜糙、宜少不宜多，要精心考虑衬衫、内衣和鞋袜的选择。

1. 衬衫

与套裙配套的衬衫，面料上要求轻薄而柔软，可选真丝、麻纱和涤棉等。色彩上要求雅致而端庄，除了作为基本色的白色外，其他各种各样的色彩，只要与所穿的套裙色彩相和谐，均可作为衬衫的色彩，但以单色为最佳色彩（见图1－2）。衬衫色彩与所穿套裙色彩要求外深内浅或内深外浅，这样会显得特别雅致。有暗纹、条纹、小花点的花色衬衫，如果与套裙搭配得当，也是不错的选择。

图1－2　衬衫示例

2. 内衣

内衣被称为“贴身的关怀”，通常包括胸罩、内裤、腹带和连体内衣等。尽管内衣款式、色彩很多，但总的原则是穿上内衣后身体感觉舒适，内衣隐藏在套装内不会一目了然地展现在外面。在内衣穿着方面也有所讲究：一是内衣不准外露；二是内衣不准外穿；三是忌不穿内衣。内衣要合体、不变形。

3. 鞋袜

鞋袜被称为“足上风光”和“腿部景致”。有人说，想了解一位职场丽人的服饰品位，看一看她所穿的鞋袜即可。得体的鞋袜能为全身服装增光添彩。1984 年里根总统访华时，总统夫人曾挑选面料做旗袍，她看中了一种金色的织锦缎，但考虑到没有金色的皮鞋与之配套，便改为选择以深红色为底色的中国织锦缎。她穿上用精心选择的面料做的旗袍，配上深色的高跟鞋，显得特别雍容华贵，一时风光无限。总统夫人尚且如此，创业女性更是没有理由不重视鞋袜与服装的搭配问题。

选择鞋子应注重面料，以真皮为好；鞋要洁净，款式要大方简约，没有过多装饰与色彩；鞋跟不能太高，以中跟为好。露脚趾的皮凉鞋是不允许在正式场合穿着的，否则会被认为缺乏教养，没有礼貌。鞋的颜色必须和服装的颜色相配，总原则是鞋子的颜色必须深于衣服颜色，如果比服装颜色浅，那么必须和其他装饰品颜色相配。鞋跟的高度一般以 3 ~ 5 厘米为宜，特殊社交场合与商务隆重场合以 5 ~ 7 厘米为宜，这样的鞋子美观而又走路平稳（见图 1 – 3）。

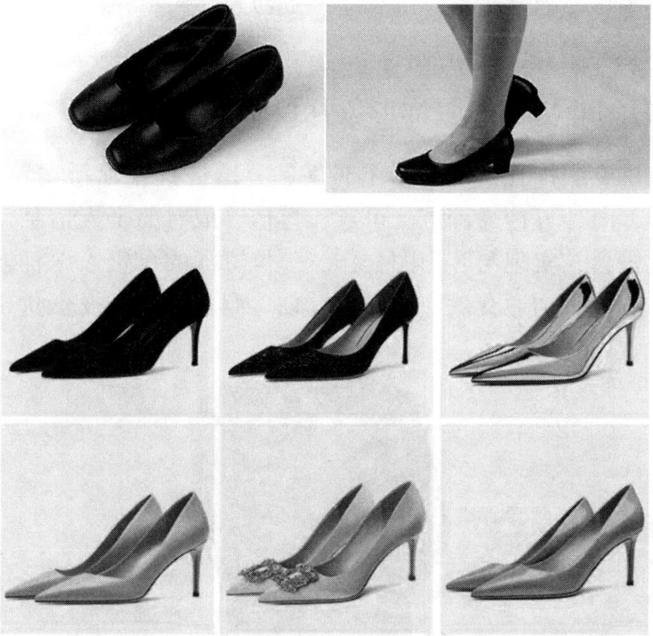

图 1 – 3　鞋子示例

袜子选丝袜或羊毛袜为宜。色彩上，一般是白天穿肉色或浅色的，晚间可穿颜色稍深的。款式上，连裤袜或长筒袜是套装的标准搭配。穿长筒袜的时候一定要特别注意，长筒袜一定要比裙子长。丝袜刮破了一定不能再穿，可以在随身包里放一双丝袜备用。穿黑色丝袜时，要避免穿有图案的丝袜或网眼丝袜，以免给人留下轻佻的印象。

配饰要简洁精致，起到“画龙点睛”的作用。手表、背包都是最佳的选择（见图1－4）。

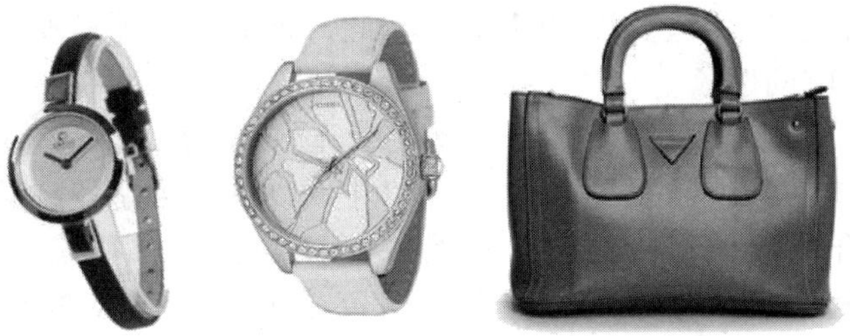

图1－4　配饰示例

你用服装达到你的目的。服装、身体、面部、态度都会为你打开凯旋之门，你的出现向世界传递你的权威、可信度、成功率。

——庞德

二、魅力创业男性的服饰形象礼仪

创业男士讲究服饰礼仪不是为了时尚、突出自我或标新立异，而是为了通过得体的着装，向外界传递深沉、可靠、自信、成熟的个人信息（见图1－5），从而创造商业机会，实现与客户的合作。一位资深的投资人深有感触地说：“我的工作就是和创业者沟通交流，谈商业计划、商业模式、投资价值。我会从创

图1－5　创业男士着装示例

业者的着装质地和品位来评判其价值观、出身背景、阅历和性格能力。一般来讲，服装劣质、皮鞋污秽和头发欠爽的人，会降低首次交谈的成功率。”

（一）商业制胜的“武器”——西装

西装是目前全世界最流行的一种服装，也是商界人士在正式场合的优先选择，是商业制胜的“武器”。美国华盛顿联邦银行总裁辛可利时常告诫属下的主管：“如果你要别人以专家对待你，你就必须穿得像一个专家。”如何才能使自己穿得像一个专家？最有效的办法就是穿一套剪裁非常得体、质地非常优良的西装。

1. 西装的选择

俗话说“男穿牌子，女穿样式”。选择一套品位高雅、剪裁得体的西装是成功的起点。名牌西装，一般都要历经300多个程序方可成型。选择西装，必须关注以下几个细节。

（1）鉴别面料

面料是西装的灵魂，不同质地、色泽、织法、手感的面料决定西服的档次。以纯毛、羊绒或高比例含毛的毛涤混合面料制作的西服，有轻、薄、软和挺的特点，穿起来感觉柔软舒适，而外表显得挺括。西装面料的选择应力求高档。

（2）鉴别做工

好的西装手工精细，针距匀称，夹缝严整，无遗留的线头，花色与条纹处理一丝不苟。

（3）关注是否合体

西装穿起来应舒适、贴身。合体的西装驳领平整，衣襟对称，衣袋服帖，衣扣牢固，衣袖圆顺，肩部舒展；袖口应略长于手腕，上下左右前后摆动胳膊时，不觉得别扭，没有阻碍感。

（4）关注色彩

商务人员所穿西服必须显得庄重、正统。专家经研究发现，深蓝色西服和白衬衣被人们认为是最可信的搭配。这种颜色搭配是企业制服配色的首选，是商业标准职业装配色。此外，一些欧美国家认为，商界人士最体面的服装是深灰色的西装，而黑色的西装更适合庄严、肃穆的礼仪性活动。总之，越是正规的场合，越讲究穿单色的西装。

（5）关注条纹

一般来讲，西装是没有任何条纹的，但暗纹和竖条纹的西装，因其成熟稳重而有品位，也为商界人士所推崇。

（6）关注款式

按照西装的件数，可将西装划分为单件西装与套装。单件西装仅适用于非正式场合，在商务交往中必须穿西装套装，也就是商务套装。一般认为，三件套西装比两件套西装正规。按照西装上衣的纽扣数量，可将西装划分为单排扣西装与双排扣西装。前者显得正统，后者显得时尚。西装上衣的单排扣，最常见的有一粒纽扣、两粒纽扣和三粒纽扣，两粒纽扣显得正统。西装上衣的双排扣，最常见的有两粒纽扣、四粒纽扣和六粒纽扣，一般认为四粒和六粒的双排扣西装属于流行款式，而两粒的双排扣西装则具有传统风格。

（7）关注尺寸

西装的尺寸很重要，过大、过小、过紧、过松的西装都有损一个成功男人的优秀形象。西装上衣的长度，以手臂自然下垂后西装的下摆与拇指尖端的位置齐平为宜。裤长以能覆盖鞋面为原则。

（8）关注造型

造型又称西装的版型，指的是西装的外观造型。目前西装主要有欧式、英式、美式和日式等四种造型：欧式西装洒脱大气，英式西装剪裁得体，美式西装宽大飘逸，日式西装贴身凝重。目前国内商界人士多选择英式和日式。

西装示例见图1－6。

图1－6　西装示例

2. 穿西装的礼仪

俗话说，西装“一半在做，一半在穿”，创业者想使自己的西装穿得合适得体，必须在西装的穿法和搭配上既遵守礼仪规范又体现个人的品位和风格。

（1）遵循三色原则

穿西装的时候，包括西装、衬衫、领带、鞋子和袜子在内，全身颜色应该在三种之内。

（2）系扣有规矩

穿单排扣上衣时，如果是两粒纽扣，讲究“扣上不扣下”，即只系上面的纽扣；若是三粒扣的上衣，则系中间或上面两颗纽扣。而双排扣的西装，则必须系上所有可系的纽扣，以显得左右对称。如果穿西装背心，则背心的纽扣应系上，但穿单排扣西装时，背心最下面的纽扣不必系上。

（3）衬衫穿着规范

每套西装一般需有两三件衬衫搭配。衬衫面料为以高支精纺的纯棉、毛为主要成分的混纺材料，在色彩上以白、蓝、棕、黑等色彩为主。衬衣以领子高过西服1厘米、袖子长过西服1厘米为最美观。系领带时穿的衬衫要贴身，不系领带时穿的衬衫可宽松一点（见图1－7）。

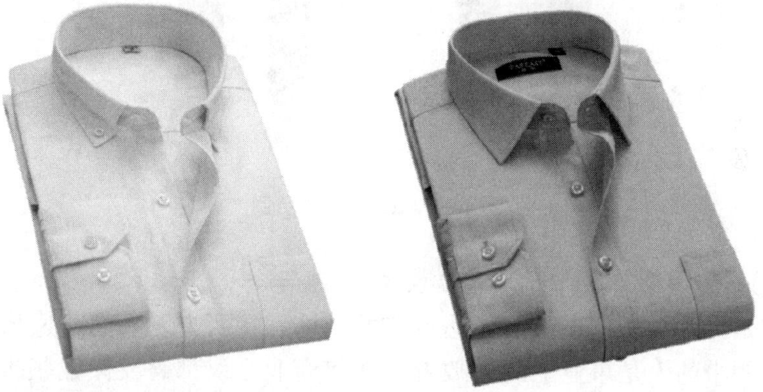

图1－7　衬衫示例

（4）巧配内衣

西装的标准穿法是衬衫之内不穿内衣。但如果天冷要穿内衣，需注意以下细节：穿一件为宜，并且色彩宜与衬衫的色彩相仿，长度短于衬衫，舒适且合体。最好看不出里面穿了内衣。

（5）少装东西

在西装上衣的左侧外胸袋上，最多可以插入一块用以装饰的真丝手帕，内侧的胸袋可用来放钱夹、钢笔等，外侧下方的两只口袋以不放任何东西为佳。裤子的口袋只能够放纸巾等极少量东西，而裤子后面的口袋不放任何东西。

（6）熨烫平整

西装线体要笔直，平整挺阔，避免褶皱与不洁，所以需要悉心呵护。着西装者要养成良好的穿着习惯。裤子要熨烫出裤线，可以定期干洗。要避免穿着时上衣的袖子挽起。公共场合要避免当众随意脱下西装外衣，更不要披挂在肩上。

西装穿着示例见图1－8。

图1-8　西装穿着示例

（二）展示男性自我个性的最佳配饰——领带

领带是男人全身上下最能表达自我的配饰。在西方，人们普遍形成一个观点：不戴领带的人是事业上的失败者。任何商业会议都需要佩戴领带，这是惯例和常识。假如穿西服不戴领带，就像女士化妆只化半张脸。可见，领带是男士打扮的焦点，它能展现穿戴者的修养和品位。

领带也是男人变换服装效果最有效的工具。套用“女人的时装永远少一件”这句话，也可以说“男人的领带永远少一条”。每天换一条领带，给别人的感觉不亚于天天换衣服。美国参加总统选举的候选人都有专门的形象造型师。以前总统里根为例，他竞选时共有67种形象造型，其中选择的领带高达240多条，且只限于红、黄、蓝这种基础色调。

领带的基础样式见图1-9。

图1-9　领带的基础样式

1. 领带的选择

（1）面料

最好的领带，应当是用真丝或羊毛制作而成的。商界男士不戴人造面料或棉、麻、塑料等制成的领带。

（2）色彩

尽量选择色彩保守的领带，领带柜中至少要有绛红色、蓝色的领带各一条。

（3）图案

单色无图案领带最佳，小图案（黄豆大小图案为最好）、圆点、简洁的图形、隐形图案、细条纹等都是领带图案不错的选择。

（4）款式

领带有箭头和平头之分，一般认为箭头领带显得传统典雅，平头领带显得时尚随意。另外，领带有宽窄之分，除了与流行款式保持同步外，还应与本人的胸围和西装的衣领等相协调。

2. 佩戴领带的礼仪

（1）注意场合

系领带意味着郑重其事，在开会、出差、执行公务和参加宴会等正式场合穿西服套装时，一定要系领带。在非正式场合，穿西装可以不系领带，但衬衫的第一个扣子一定要解开。

（2）与季节相配

秋冬季穿深色西服时，宜选配深色调、图案配色典雅的领带；春夏季穿浅色西服时，宜选配浅淡色调、图案配色较丰富的领带。

（3）讲究结法

领带要挺括、端正，在外观上呈倒三角形。目前流行的系法是在紧挨领结的地方巧妙地打出一个微凹的面，以增强领带的立体感，西方人称之为“领带的笑靥”“男人的酒窝”。至于领结的大小，则与衬衣领口的宽度成正比，衬衣领口越宽，领结应越宽。最为经典的领结是“温莎结”（见图 1－10）。

图 1－10　温莎结系法图解

(4) 注意长度

领带尖若长于腰带会显得不精干，短于腰带又显得小里小气。最标准的长度是领带下端的大箭头正好到达皮带扣的上端。

(5) 巧配西装

单色西装既可配素色衬衫和花式领带，也可配花式衬衫和素色领带。

(三) 画龙点睛之笔——其他配饰

西装的韵味不是单靠西装穿出来的，而是由西装与其他配饰精心组合搭配出来的。一位企业老总作为中资负责人与意大利金融界人士交往，但每次都发现对方用异样的眼光看自己。他百思不得其解，直到有一天热情坦率的意大利朋友告诉他："你的服装、领带、皮鞋、手表都告诉我们你不属于金融界。"原来他的装扮没能最贴切完美地展现自己的身份。

在男士的配饰中，起画龙点睛作用的主要是皮鞋、袜子、皮带、手表、钢笔、公文包等。

1. 每天擦亮你的皮鞋，选择配套的袜子

西方有句谚语说道："不要相信一个穿着破皮鞋和不擦皮鞋的人。"穿西装时，所穿的鞋袜必须与之配套。美国一位世代做鞋生意的绅士曾说："低头看看他脚上穿的，就知道他的身份。"一位法律界精英讲学时也说："在我们事务所，任何一名职员都穿着闪闪发光的皮鞋。一般来讲，鞋是一个人身份的象征。穿旧皮鞋的人，只有两种可能：第一是买不起，那他一定是个不成功的律师；第二是舍不得买，那他是个鼠目寸光的人。无论哪种可能，他都不会取得我的信任。律师形象就是你的信誉，你的实力。"有人甚至认为，一名男士的鞋可让人迅速地捕捉他的地位、个性、收入等信息。正如一则广告所说的那样，好鞋等于未来。作为创业者，必须要"足下生辉"。

与西装配套的鞋子应选用真皮面料，颜色以深色、单色为主，黑色皮鞋最佳。按照二八黄金法则，80%的人认为穿着保养好的鞋会给人留下良好的印象；80%的优质、高雅的鞋会被20%的成功人士买走。

商务场合宜穿系带式皮鞋，少穿压花式皮鞋，保持鞋面无尘，鞋内无异味。每双鞋只穿一天为宜，穿完后要及时将鞋边洗刷干净，鞋跟磨损过后应及时修补。为保持自己的形象，一些商务人士会准备黑色、深棕色皮鞋至少三双（见图1-11）。

好花还须绿叶衬，好鞋还须配好袜。与皮鞋配套的袜子，应以深色、单色为主，并且最好是黑色的（见图1-12），特别是不要穿对比鲜明的白袜子和彩色袜子。穿西装配白袜子，人称"驴蹄子"，反差太大。袜子应勤换洗，起码一天一换。发现袜子脱线或破洞时，应及时更换。此外，还应注意袜子的长度。坐着的时候，袜子应遮盖裤脚和鞋子之间的部分，避免坐下谈话时露出皮肤或浓密的腿毛。

图 1－11　皮鞋示例

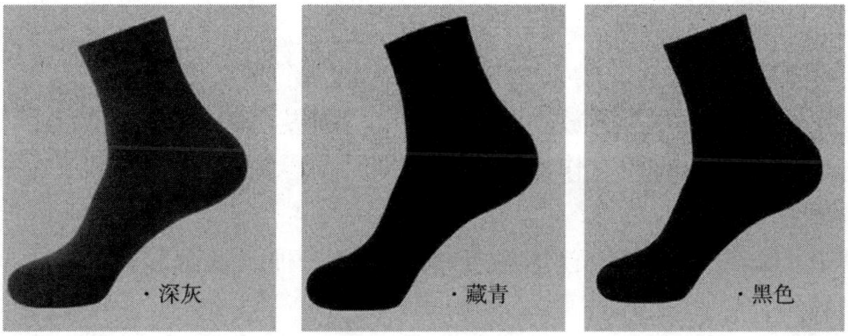

图 1－12　袜子示例

2. 选搭精致的小配饰

创业男士的配饰宜精不宜多，讲究的是质量和品位。有人称手表、钢笔、打火机为“男人三件宝”。

（1）钢笔

钢笔可以体现一个人的身份和地位。美国前总统老布什曾将一支笔身图案是美国国旗的派克笔作为国礼送给俄罗斯前总统叶利钦。一位房地产销售女经理认为：判断客户有无诚意，一个重要的方式是看看他们用什么笔。一个随身携带派克笔的人八成是买家，值得交流沟通，即使不买，也能从对方身上学到不少新知识。而一个用一次性碳素笔或圆珠笔的人，就显得没那么有诚意了。

（2）手表

男人看表，女人看包。手表反映一个人的品位与身份。在你支付能力范围内，应选择高质量的并和你的衣服相配的名牌手表。黄金色表看起来更优于白金色表。带有卡通图案之类的手表不适宜在商务场合使用。

（3）皮带

商界流传着“一根皮带毁了一笔300万元的生意”的故事：一位外商在南京考察后准备与某合作公司的李先生正式签订协议。不知是何原因，就在双方谈判进展顺利、即将签字生效的关键时刻，李先生的皮带突然松开了，场面极尴尬难堪，最终导致外商拂袖而去，合作就此终止。李先生为此起诉皮带生产厂家和经销商。因此皮带一定要质量上乘，且最好与皮鞋、公文包同色，而且首选黑色。腰带扣件一定要简洁、牢固，不能有商标。

（4）公文包

公文包被称为商业活动的“移动办公室”，是外出时随身携带的物品。最标准的公文包是手提式长方形公文包，其面料以牛皮、羊皮为最佳。公文包的色彩以深色且单色如深棕色或黑色为好，少选用带花纹图案和文字的皮质公文包。

（5）钱包

男士的钱包里只能放一些必需品，千万不要把各种信用证、家庭生活照等放在里面。

（6）手帕

将一块雅致的手帕折叠放在西装的上口袋中，不仅可增加男人的情调，而且可在出现尴尬局面时用它作掩饰。

（7）戒指

在商业场合男士佩戴的首饰只有结婚戒指一种。场合越正规，男士戴的首饰就应当越少。

第三节　精致仪容 自信气质

礼仪之始，在于正容体，齐颜色，顺辞令。

——《礼记》

我们常说："远观服饰，近观仪容。"在当今的"颜值时代"，我们不仅要穿着得体，也要重视仪容的修饰。仪容作为整体形象塑造的重要组成部分，在商业活动与人际交往中有着举足轻重的作用。有位研究生创业者在创业第二年便颇有感慨地说："我们不仅要有知识，还要会修饰。"容貌是人与人交往时最引人注意的部位，给他人的视觉印象迅速而直观。诗人李白在《清平调·其一》里写道："云想衣裳花想容，春风拂槛露华浓。若非群玉山头见，会向瑶台月下逢。""云想衣裳花想容"，就是李白看见天边的云彩就不由得想起（杨贵妃的）衣裳，看见娇嫩的花儿就不由得想起（杨贵妃的）容颜，极言杨氏的衣饰和容貌之美。

仪容的修饰，实际上体现的是创业者的良好精神面貌、工作状态，以及对生活乐观、积极的态度。修饰仪容的基本规则是美观、整洁、卫生、得体。如果天生丽质，要做到自然美；如果条件不佳，要学会通过修饰扬长避短。相由心生，当然也须内心美，秀慧外中，内外相一。不论男女，都要注意头发、面部、颈部、手臂、腿部等的修饰，其中的重点是发型和面部修饰。

一、意气风发"从头开始"

头发所在位置是人体的最高点，是别人第一眼关注的地方。发型需要考虑职业类型与身材搭配。如果头发不整理好，无论身上穿得多么高雅，也很难给人留下美好的印象。头发要洁净、整齐，无头屑。创业者在各种商务社交场合中要考虑自身角色特点，选择适合自己的发型。良好的发型可以彰显气质与风度（见图1－13）。忌漂染和怪异发型。

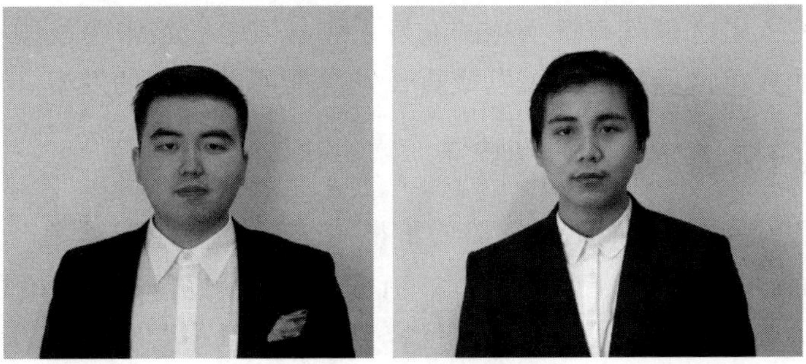

图1－13　男士发型示例

（一）男士发型打理

1. 保持清洁

养成周期性洗头习惯，一般每周洗2～4次。要勤于梳理，养成早晚梳头发的习惯，每次梳25～50次。梳头时，头顶和后面的头发从发根到发梢往上梳，两边的头发向左右两边梳。轻梳慢理，持之以恒，对头发大有益处。要定期修剪头发，男士最好每月一次。总之，头发一定要洁净，要修理好、梳整齐，肩背上不应有散落的头发与发屑。

2. 长短有度

男士头发应长短有度，做到前发不覆额，侧发不掩耳，后发不及领。不留长发。后发不要长过西装衬衣的领子上部。鬓角不能超过耳朵一半。

3. 造型简约

男士发型要简约，既要符合潮流，也要不失稳重，更要符合商务社交形象规范。建议结合自身的个性、年龄、发质、身材，选择符合自身风格的发型。

（二）女士发型打理

1. 造型提神

女士发型依据头发长短和发量多少来打造。发型要体现创业女性的职业气质。在庄重严肃的工作场合，必须将长发盘起，梳成发髻，这样会显得干练。若中短发落肩，则要进行细节打理，使其有形无杂乱。创业女性应定期给头发做定型与护理。

2. 配饰有度

创业女性的头部配饰要简约，尽量减少佩戴夸张、繁杂的头饰。

3. 不同脸型的发型选择标准

创业女性可根据不同的脸型选择发型，具体如下：

圆脸型的人可选择垂直向下的发型。

方脸型的人可选择圆柔的短发型、垂肩的中长发型。

长脸型的人可选择蓬松的卷发或留有齐眉刘海的童花式发型。

小脸型的人可选择具有蓬松感的卷发、中长发、长波浪等发型。

大脸型的人可选择简洁的短发或直长发等能遮盖脸型的发型。

二、元气满满“面子工程”

“面子工程”是永恒的话题，需要重视与“建设”。面部是一个人最突出的代表部位，面容是否洁净，是有生气、有光泽，还是灰暗、死气沉沉、憔悴疲倦，关系到每个人留给他人的印象。仪容美的一个基本要求是面部洁净。

（一）护肤

护肤分为“洁肤”“爽肤”“润肤”三部分，俗称“护肤三部曲”。

1. 护肤第一步：洁肤

皮肤清洁的第一步是日常清洁、卸妆清洁。必备的清洁品需要选择正确，根据自己的肤质特点，可选择清爽去油、滋润美白或深度清洁等类型。

2. 护肤第二步：爽肤

清洁后要选择适合自身肤质的化妆水，给肌肤补充水分。

3. 护肤第三步：润肤

眼霜、防晒霜等能够使护理更加深入和有针对性。现代科技的进步，使得护肤用品种类繁多，品牌多样，功效多元，如美白、祛斑祛痘、除皱紧肤、抗敏、抗老化、修复皮肤损伤、抗辐射等，可满足不同肤质的需要。

在选择护肤品时，并不是最贵的就是最好的，只有适合自己肤质的才是最佳的。一定要“因地制宜”，做到“因肤给予”。

（二）化妆

创业女性商务活动频繁，要接触各种人群，化妆对其而言已经不仅仅是美化的问题，更是对他人的“尊重”。化妆不是简单的涂脂抹粉，而是一种复杂而又有趣的美学艺术，要使用丰富多样的化妆品，采取合乎规则的步骤和化妆技巧、手法，对面部进行恰到好处的描画和渲染，以强调和突出个人的自然美，减弱或掩饰容貌上的欠缺和不足（见图1－14）。

图1－14　化妆后应达到的效果

1. 化妆品的选用及使用方法

（1）妆前乳或隔离霜

一般用妆前乳或隔离霜调整皮肤的颜色，其使用方便、快捷，能为化妆尤其是化日妆做好准备。

（2）粉底

粉底能使皮肤显得平滑、细腻，使肤色均匀。粉底一般有粉底液、粉底霜或粉底膏。肤质好的人或皮肤较干的人可以用粉底液，用量宜少宜薄；皮肤有严重斑点的，建议使用粉底霜或粉底膏，其遮瑕效果好。面部立体度不佳者，可增加高光部位的修饰。注意“面部五大死角”的处理，即发迹边、法令纹、嘴角边、眼周以及脖子处，在施粉底的时候要有自然的过渡，否则会影响化妆效果。

（3）散粉（定妆）

搓取少量散粉在全脸尤其是脸颊部位薄薄定妆。散粉宜少宜薄。扑粉定妆可防止妆容脱落，抑制油光过度。用散粉定妆还可以增强皮肤的哑光质感。

（4）胭脂（涂腮红）

脸型和肤色好的人可以不刷胭脂，需要刷时选用浅红色胭脂，用量宜少，打造自然感。涂腮红既能调整脸型，又能使面部红润健康，有立体感。

（5）眉粉（眉笔）

眉毛条件好的人，只需用眉刷取少量深色眉粉刷顺眉毛；眉毛条件差的人，需用深色眉粉轻刷一遍，缺少的眉毛要用眉笔一根根按眉毛生长方向画出来。比较理想的眉形是：眉头与内眼角垂直，眉梢在鼻翼外侧至外眼角连一斜线成45°，眉峰在距眉梢三分之一眉长处。眉梢的高度与眉头成一水平线或略高。化眉毛要遵循“上虚下实、前轻后重、两头浅中间深”的原则。

（6）眼影

涂眼影一般都使用双色法和三色法，以颜色的变化来实现立体妆效。眼部结构好的人可用单色眼影晕染。涂抹范围不要过大，不要超过眼眶的外轮廓，不同色的过渡要自然渐变。通常采用同色系不同深浅的色彩，深色靠近眼睛下部，浅色靠近眼睛上部。

（7）眼线笔

眼线的修饰可以增加眼睛的“神采”，有使眼睛显大、调整眼形的作用。画眼线时要注意粗细的变化，要从睫毛根部开始描化，眼尾要有线条感，整体而言要清晰干净。

（8）睫毛膏

睫毛膏的涂抹可以使眼睛更有“神韵”，增强立体感。人的睫毛或密或疏，或长或短，或平或翘，或浓或淡，而睫毛膏可以弥补先天不足，让睫毛显得浓密、纤长、卷翘。

（9）口红

日妆的口红颜色不宜鲜艳，应尽量接近唇色，可选用粉质、无光的口红。画出唇形后，用唇刷晕染，或涂上少量浅色唇油。年轻的创业者可以大胆使用深色或夸张的颜色，以提升气场。

我们常见的脸型有6种：圆形、方形（田字形）、长圆形（国字形）、倒三角形（甲字形）、菱形（申字形）、卵圆形。化妆时对不同的脸型采取不同的方法修饰。

2. 化妆品的选择与工具建议

化妆品的选择与工具建议见表1－1。

表 1－1　化妆品与对应的化妆工具

化妆品	工具刷
粉底液或粉底霜	粉底刷
散粉（蜜粉）或粉饼	散粉刷
腮红粉	腮红刷
眼影粉（盒）	眼影刷（晕染刷）
眉笔、眉粉或眉膏	眉刷（上色刷）
眼线液笔、眼线笔或眼线膏	眼线笔
睫毛膏	睫毛刷
唇膏或唇彩	唇刷
口红	唇刷
修容粉或修容棒（双色修容）	修容刷

3. 创业通勤妆建议

针对不同情况的女创业者，作者给出两种通勤服装和妆容的建议，具体见表 1－2 和表 1－3。

表 1－2　年轻女创业者的通勤妆容建议

角色定位	年轻女创业者（创业起步阶段）
出入场合	拜访客户公司
服装特点	职业套装、深色
色彩选择	面部底妆自然清新 眼影可以选择通勤大地色系或粉红、砖红色系，哑光质地 腮红可选择粉橘色系 口红可选择粉红色或橘色
妆面风格	清晰、淡雅、职业
印象概念	朝气、积极、亲和、信赖

表 1－3　女创业总经理的通勤妆容建议

角色定位	女创业总经理（创业中期第 3 年）
出入场合	参加客户年会晚宴
服装特点	礼服、黑色有金属配饰

续表

角色定位	女创业总经理（创业中期第 3 年）
色彩选择	面部底妆立体修饰 眼影可以选择重色系、蓝色或金属色，质感强可带珠光 腮红可选择珊瑚红色或洋红色 口红可选择正红色或暗红色
妆面风格	浓重、强色彩、社交
印象概念	强气场、大气、婉约、不可忽视

请分析，图 1 －15 的着装适合什么场合。

图 1 －15

第二章　创业者的举止 赢得信赖

章节框架

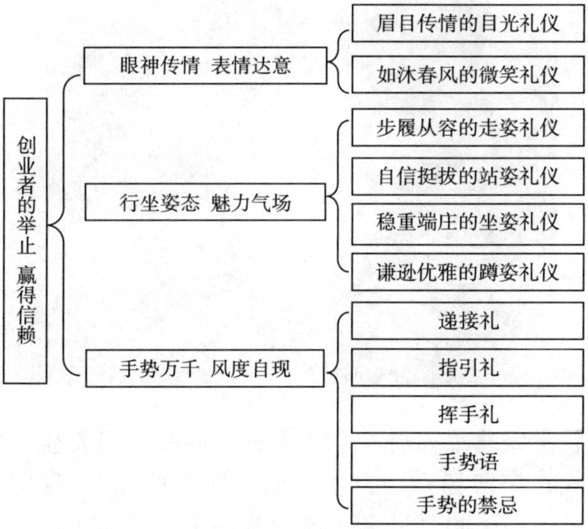

步从容，立端正，揖深圆，拜恭敬。勿践阈，勿跛倚，勿箕踞，勿摇髀。

——《弟子规》

仪态在创业者的商业社交当中是无声的语言。仪态主要指人的动作、姿态和精神状态。人们可以透过仪态感受其精神状态、心理活动、文化修为以及审美情趣。一个人的举手投足、一颦一笑，会自然流露出他/她的气质风度、礼貌修养和所要传递的信息。这种无声语言往往比有声语言更真实，更富有魅力。一个人的仪态包括他/她的所有行为举止：正确的站姿，优美的坐姿，雅致的步姿，恰当的手势，真诚的表情等。在商业活动与生活中，我们正是通过身体的不同姿态来完成自己的各项活动的。仪态是一个人体与形、动与静形象的立体展现。

仪态对人体各部分器官有着不同的影响。姿势不好，就会影响器官的功能乃至身体的正常发育，如长时间的含胸驼背姿态，会使背部弯曲。保持正确的姿势，既有益健康也能展示一个人的内在素质。正确的仪态可参考图2－1。

图2－1　仪态示例

第一节　眼神传情 表情达意

英国人体语言学家莫里斯曾说：“眼对眼的凝视只发生于强烈的爱或恨之时，因为大多数人在一般场合中都不习惯于被人直视。”我们常说的“眉开眼笑”“暗送秋波”“眉来眼去”等，都是情感的表达方式。美国心理学家艾伯特·梅拉比安在一系列实验基础上得出这样一个公式：信息的总效果=7%的书面语言+38%的音调+55%的面部表情、体态语。当人们相见时，给人印象最深的就是脸，脸是一张反映自己生理和情感状况的“明细表”，可见面部表情在人们交往过程中占有重要作用。从这个意义上说，一个能够巧妙地使用自己的眼神、面部表情的创业者，也是善于塑造自我形象的成功人士。

都说世界是一个“7秒钟的世界”。与陌生人见面时，往往7秒钟内就能对这个人做出评估。在这最初的7秒钟内，每个人都会自觉或不自觉地用眼神、表情、态度来表达自己的真实感受。把握最初7秒的表情可以给对方留下良好的第一印象，缩短双方的感情距离，获得对方的信任，取得对方的尊重，也可使自己的社交形象更有魅力和风度。在千变万化的表情礼仪中，眼神、微笑最具礼仪功能和表现力。

一、眉目传情的目光礼仪

眼睛是心灵的窗口，是面部表情的第一要素。眼神是一种含蓄的语言，能够最明显、最自然、最准确地展示心理活动。炯炯有神的目光，体现对事业执着的追求；麻木呆滞的眼光，表现对生活的心灰意冷；明亮欢快的目光，展现乐观和坦荡的胸襟；轻蔑傲慢的目光，会拒人于千里之外；阴险狡黠的目光，给人虚伪、狡诈和刻薄的感觉。在社交活动中，恰到好处的目光应是坦然、亲切、和蔼、有神的。正确地运用眼神，一般要注意视线接触的角度，即目光的方向（见图2－2）。

图2－2　视线示例

（一）注视的区域

目光的注视区域通常分为公务注视区域、社会注视区域、亲密注视区域。

1. 公务注视区域

在磋商、谈判等洽谈业务场合，眼睛应看着对方双眼或双眼与额头之间的区域。这样注视显得严肃、认真，别人也会感受到你的诚意。

2. 社交注视区域

在茶话会、友谊聚会等场合，眼光应看着对方双眼到唇心这个三角区域。这样注视会使对方感到礼貌、舒适。

3. 亲密注视区域

在亲人、恋人之间，眼光应注视对方双眼到胸部第二纽扣之间的区域。这样注视表示亲近、友善。但对陌生人来说，这种注视有些过分。

（二）注视的方向

注视的方向（角度）往往能准确地表达出对他人的尊重与否。

1. 正视（平视）

正视表示理性、平等、自信、坦率，适用于普通场合中与身份、地位平等的人之间的交往。

2. 俯视

俯视即抬眼向下注视他人，一般表示对晚辈的爱护、宽容，也可对他人表示轻慢、歧视。

3. 仰视

仰视即抬眼向上注视他人，表示尊敬期待，适用于面对尊长之时。与人交往不要站在高处自上而下地俯视于人。面对长辈或上司时，站立或坐在较低之处仰视对方，这样往往会赢得对方的好感。

（三）注视的时间

在人际交往中，注视对方时间的长短相当重要。在交谈中，听的一方通常应多注视说的一方，目光与对方接触的时间一般占全部相处时间的三分之一。

谈话时，若对方为关系一般的同性，应该不时与对方双目对视，以示尊重。对对方表示关注时，如果双方关系密切，则可较长时间地注视对方，注视的时间占全部相处时间的三分之二，以拉近心理距离。如果对方是异性，双目对视不宜持续超过 10 分钟，长时间地注视会使对方不自在；一眼不看对方，也是不礼貌的表现。

与人交往时，冷漠的、傲慢的、疲惫的、呆滞的、游移不定的、左顾右盼的目光均不应出现，同时也要注意不可滥用眼神，因为这样很可能会破坏相互的交流和沟通。

（四）注视的部位

一般情况下，不要注视对方的头顶、大腿、脚部和手部，尤其对异性，不看中间，不看下边，也不要上下扫视或盯住某个部位，否则容易引起对方误解。允许注视的部位一般是双眼，表示对对方的尊重（见图 2－3）。注视额头，表

图 2－3　注视示例

示严肃认真，公事公办。注视眼部至唇部，表示礼貌，尊重对方。注视眼部至胸部，多用于关系密切的男女之间，表示亲密友爱。双方交谈时，要看对方的脸部和眼睛，但当双方缄默无语或对方说错话时，就不要再看着对方的脸，或看了一眼以后要马上转移视线，否则会使对方尴尬。

（五）眼神与心理

眼神与心理是人际交往的一个重要课题，要注意在实践中领悟并运用眼神礼。如果你希望给对方留下较深的印象，你就要注视他久一些，表示对他的重视。如果你想在和对方的争辩中获胜，那你千万不要把目光移开，以示坚定。如果你不知道别人为什么看你，就要稍微留意一下他的面部表情和目光，便于制定对策。如果你和别人碰面，觉得不自在，就要把目光移开，减少不快。如果你和对方谈话时，他漫不经心而又出现闭眼姿势，你就要知趣暂停，你若还想做有效的沟通，那就要主动地随机应变。如果你想和别人建立良好的默契，应把60%～70%的时间用于注视对方，注视的部位是两眼和嘴之间的三角区域，这样传递的信息会被正确而有效地理解。如果你想在交往中特别是和陌生人的交往中获取成功，那就要以期待的目光注视对方的讲话，不卑不亢，带着浅淡的微笑，这是常用的温和而有效的方式。

在人际交往中，目光接触发挥着信息传递的重要作用。不同的目光反映不同的心理，产生不同的心理效果（见表2－1）。

表2－1　眼神表现及信息

眼神表现	眼神的信息
一旦被别人注视而将视线突然移开	大多自卑，有相形见绌之感
无法将视线集中在对方身上并很快收回视线	多半性格内向，不善交际
听别人讲话一面点头，一面却不将视线集中在对方身上	表示对来者和话题不感兴趣
说话时，将视线集中在对方的眼部和面部	是真诚的倾听、尊重和理解
只注意自己手中的活计，不看对方说话	是怠慢、冷淡、心不在焉的流露
仰视对方	是尊敬和信任之意
俯视他人	是有意保持自己的尊严
伴着微笑而注视对方	是融洽的会意
皱眉而注视他人	是对观点的不认同
面无悦色地斜视	是一种鄙意
突然圆眼瞪人	是一种警告或制止
从头到脚地打量别人	是一种审视和评判

续表

眼神表现	眼神的信息
注视对方的眼睛并说话	真诚交流，心存好感
说话尽量避免注视对方的目光	话不投机
戴太阳镜谈话且在室内不摘下	不愿从眼神中流露出真实的情绪或想法

（六）修炼眼神

眼神要灵活。要相信自己的眼睛在任何场合都会说话，灵活的眼神会给人一种流动的美感。

眼神要有礼貌。在公交车、电梯等狭小的空间中，要避免与他人长时间对视。特别是坐电梯时，有经验的人进去之后会面对周围的电梯壁，或者脸朝里。在公共场合要避免上下打量他人。平常与人说话时，应转过身来正眼看人，注意不要斜视、俯视或露出不屑一顾、轻浮等不礼貌的眼神。

文化是眼神的底蕴。除了掌握眼神表现的技巧外，加强文化、品德修养也非常重要。

二、如沐春风的微笑礼仪

美国著名影星玛丽莲·梦露曾说："当我十三岁的时候，就开始练习怎样笑得更迷人，并且为自己树立了一个样板，终日对照着镜子反复练习，使我的微笑形成无声的美好语言。"

微笑是真正的"世界语言"。微笑的妙处在于它的温文尔雅、含而不露，在任何场合都是无往而不胜的有力"武器"。就算语言不通，一个微笑也能带给彼此一种友好的感觉。对于创业者来说，微笑更是待人接物最好的语言工具，在有些情况下甚至不需要一言一行，只要一个笑容就可以打动客户。商务往来中，当客户到访时，我们用微笑表示欢迎；与客户交谈时，我们要微笑而语，表达交谈的投入与愉悦；送别客户时更不能忘记微笑，以表达感恩与送别。与人交往中，当赞美别人时，微笑会使赞美词更有分量；有托于人时，微笑会使对方更容易答应你的请求；当出现僵局时，微笑能够缓解气氛；萍水相逢时，微笑能够使对方觉得你友好亲切。拓展业务时，微笑能使对方觉得你是值得信赖并能友好相处的人，从而为沟通扫清障碍，赢得合作的机会。在带领团队时，轻轻一笑可以拉近彼此的距离，减少隔阂，有利于团队成员合作。

微笑是自信的标志，也是礼貌的象征。人们往往依据你的微笑来形成对你的印象，从而决定对你的态度。微笑办事，人与人之间的沟通将变得十分容易。如果说行动比语言更具有力量，那么微笑就是无声的行动，它所表示的是："你使我快乐，我很高兴见到你。"笑容是结束交谈的最佳"句号"。一个拼搏事业的创业者更能把微笑演绎成一种工作态度，看似不起眼的微笑，甚至能带来众多的商机和巨大的经济效益。创业者的微笑不仅有助于表现一个人的才华、干练和智慧，更可以柔化个人外表刚硬的气质，舒缓不知不觉中给予他人的压迫感。恰到好处的笑容，不但能增加个人的亲和力，化解尴尬的气氛，也能给人温暖的感觉，加大成功的概率。微笑是一种神奇的魅力，也是一种有效的“生产力”。

（一）笑容训练的方法

人的脸上一共有17块肌肉，它们会牵动每一个笑容，只要有一块肌肉失去作用，笑容就不能完美展现，所以要多多练习微笑来控制面部肌肉。当然，很好地控制自己的情绪，也是进行训练的一项必不可少的内容，只有做到这两点，才能拥有自然而又亲切的笑容。

只有发自内心的微笑才是最真诚的笑容。创业者要想在任何情况下都能展现这样的笑容，就需要对其进行专门的训练。总的来说，微笑时面部应平和自然，下巴略向后收，嘴角微微上扬，牙齿微露，避免露出牙龈（见图2－4）。

图2－4　微笑示例

1. 照镜训练法

对着镜子，心里想着使你高兴的情景，鼓动双颊，嘴角两端做出微笑的口型，找出自己认为最满意的笑容，天天练习，使之自然长久地呈现在你的脸上。

2. 情绪记忆法

多回忆美好往事，纵然遇到不如意、悲伤、辛酸的事情，也要提醒自己“保持笑容”。

3. 发声训练法

面对镜子，深呼吸，然后慢慢地吐气，并将嘴角两侧对称往耳根部提拉，发出普通话“一”“七”“衣”“叶”“钱”的声音，也可发出词语“茄子”“田七”的音，还可发出英语单词“lucky”“cheese”“cheers”的声音。这些字、词形成的口型，正是微笑的最佳口型。

4. 携带卡片法

在自己的皮夹中放一张写有“微笑”的卡片，一直携带着它，随时随地提醒自己保持微笑。

5. 肌肉记忆训练法

练习微笑时可以拿一支不太粗的笔，用牙齿轻轻横咬住它，对着镜子记住这时面部和嘴部的形状，这个口型就是合适的“微笑”，形成肌肉的记忆。

（二）微笑的细节

微笑要注意以下细节。

1. 真诚由内而发

职业化微笑一般要求露出上排六至八颗牙齿，因为那样的笑最自然。但最“高级”的微笑应该是发自内心的，即用纸挡住鼻子以下的面部时，还可以看到眼睛中含着笑意。

2. 声情并茂

笑要和眼神、表情、气质等相结合。笑眼传情、情绪饱满的微笑才能亲切、动人而富有感染力，给人愉快、舒适、动人的感觉。

3. 适时地笑

微笑要注意时机，当笑则笑。比如，打破沉默之前先露出笑容，可以使发言不过于突兀。

4. 注意笑的禁忌

必须避免负面的笑：假笑、怪笑、冷笑、狞笑、干笑、媚笑和窃笑等。如在正式场合，不能放肆大笑。

（三）微笑的意义

真正的微笑不但可以带来人际和谐，还能给人带来成功的机会。原一平就是善于利用微笑来获得成功的典范。原一平是日本的一位保险推销员，1.53 米的身高使他毫无气质与优势可言，在成为推销员最初的七个月里，他一桩保险业务也没有谈成。为了省钱，他上班不坐电车，中午不吃饭，晚上睡在公园的长凳上。但他依旧精神抖擞，每天清晨五点起床徒步上班，一路上不断微笑着和擦肩而过的行人打招呼。有一位绅士经常看到他，深受微笑、快乐的感染，便因此和他签了单，这也是原一平生命中第一份保单。原一平以 248 种微笑感染着无数服务的顾客，他的微笑也被评为“价值百万美元的微笑”。

创业路上不易，创业者应经常微笑，这样不仅可以为自己打气，也可以消除烦恼、抗击压力，微笑面对创业才是我们的态度。成功时我们情不自禁，“笑看人生”；失败时也要“笑对人生”，“笑迎未来”。

第二节　行坐姿态 魅力气场

俗话说“行如风，站如松，坐如钟，卧如弓”，行走坐卧都有仪态的规范与美感表现。创业者要拥有得体的举止，气质不凡的风度，就要了解各种基本的行为举止礼仪。

一、步履从容的走姿礼仪

走姿即步姿，属于动态的美。由于受年龄、职业、生活条件、社会环境等因素的影响，人们的走姿可以说是千姿百态。从现代礼仪角度看，正确而富有魅力的走姿犹如一首动人的抒情诗，有一种轻快自然的美。文豪巴尔扎克曾经说过，巴黎的女性是走路的天才。不管她们身材高矮及穿着如何，都可以通过优美的走姿展现自己绰约的风姿。中国古代强调要“行如风”，就是要求人在行走时要姿态正确、优美、轻盈，有节奏感，给人以美感。生活中，标准走姿是给人留下美好印象的关键之一。因此，学习规范的走姿是很有必要的。

（一）走姿的基本要求

走姿就是人行走的姿态、体态，它是站姿的延续动作，无论在日常生活中还是在社交场合，走路往往是最引人注目的体态语言，因而最能表现一个人的风度和活力。

走姿的基本要求是：头部抬起，目光平视前方，双臂自然下垂，手掌心向内，并以身体为中心前后摆动；上身挺拔，腿部伸直，腰部放松，脚幅适度，脚步宜轻且富有弹性和节奏感。

（二）步态的具体要求

步态是一种动态的美。对步态美的要求是做到协调稳健，轻盈自然。行走中，男士要显示出阳刚之美，女士要显示出阴柔之美。步态美的具体要求如下：

1. 男士步态的具体要求

在工作场合，男士走路应挺起胸膛，大步向前走，显出朝气；双脚落地平稳而有力，不拖泥带水；双臂自然摆动，以显得镇定自如。在非工作场合，男士要轻踱慢行，显示出男士的特有风度。

2. 女士步态的具体要求

步态轻盈是女士行姿的基本要求，要动中有静、静中有动，要稳健、自然、大方。女士在公共场所行走时要抬头、挺胸、收腹，上身保持正直；双臂自然下垂，协调地前后摆动于身体两侧；频率要适中，落脚的声音不可太大。

（三）走姿训练

走姿训练动作规范要求如下。

1. 前行步训练

以前行步向来宾或同事问候时，动作要伴随着头和上体向左或右的转动，面带微笑，点头致意，并配以恰当的问候语言。

2. 后退步训练

当与他人告别时，应该是先用后退步，再转身离去。一般以退两三步为宜。

3. 侧行步训练

侧行步一般用于引导来宾或在较窄的走廊与人相遇时。引导来宾时要尽量走在宾客的左侧前方，左髋部朝着前行的方向，上身稍向右转体，左肩稍前，右肩稍后，侧身向着来宾，保持往前两三步的距离。在较窄的路面与人相遇时，要将胸转向对方，以示礼貌。

4. 前行左右转身步训练

在行进中，当要向左（右）转身时，要在右（左）脚迈步落地时，以右（左）脚掌为轴心，向左（右）转体 90°，同时迈左（右）脚。

5. 后退左右转身步训练

当后退向左（右）转体走时，以左脚先退为例，要在退两步或四步时，以右（左）脚掌为轴心，向左（右）方向转体 90°，再迈出左（右）脚，继续往前方走出。

6. 后退向后转身步训练

当后退向后转身时，以左脚先退为例，要在退一步或三步时，在左脚后退时以左脚掌为轴心，向右转体 180°，同时右脚后撤移重心，再迈出左脚。

7. 走直线训练

在进行走直线训练时，可在地面画一条直线，行走时双脚内侧要求踩到这条线。

8. 双肩双臂摆动训练

要在步位、步幅训练，顶书训练和上、下楼梯的步态训练时同步进行双肩双臂摆动训练。

（四）忌讳的走姿

走路最忌走内八字步和外八字步；其次忌弯腰驼背，歪肩晃膀。

走路时不可大甩手，扭腰摆臂，大摇大摆。行走时不能东张西望，如需张望或回望，应转动头部，而不要斜视。

走路时双腿不要过于弯曲或走曲线；步子不要太大或太小；不要脚蹭地面、双手插在裤兜或后脚拖在地面上有气无力地行走。不要八字步迈开走，那会给人萎靡不振的感觉。另外，背手走、叉腰走等不雅走姿有失风度，也要避免。

二、自信挺拔的站姿礼仪

站姿是一个人站立的姿势，它是一种静态的身体造型，同时又是其他动态的身体造型的基础和起点，最易表现人的姿势特征。站姿是人们生活、工作、交往中的一种最基本的姿态。正确、标准的站姿是一个人身体健康、精神饱满的体现，也是培养优美的仪态的起点。如果站姿不够标准，其他姿势便根本谈不上优美。

（一）基本站姿

最容易表现姿势特征的是人处于站立时的姿势。在工作场合要“站有站相”，要做到“站如松”，意思是要站得像松树一样挺拔，同时还需注意站姿的美感。基本站姿及眼神的要求是：从正面观看，全身笔直，精神饱满，两眼正视（而不是斜视），两肩平齐，两臂自然下垂，两脚跟并拢，两脚尖张开30°~60°，身体重心落于两腿正中；从侧面看，两眼平视，下巴微收，挺胸收腹，腰背挺直，手中指贴裤缝，整个身姿庄重挺拔。采取这种站姿，会使人看起来稳重、大方，还可以帮助呼吸，改善血液循环，并在一定程度上缓解身体的疲劳（见图2-5）。

（二）标准站姿

标准站姿的关键看三个部位：一是髋部向上提，脚趾抓地；二是腹肌、臀肌收缩上提，前后形成夹力；三是头顶上悬，肩向下沉。这三个部位的肌肉力量相互制约，才能保持标准站姿。要注意男女站姿的不同美感：女性应是亭亭玉立，文静优雅；男性应是刚劲挺拔，器宇轩昂（见图2-6）。

标准站姿的基本要求是挺直、舒展，站得直，立得正，棱角分明，线条优美，精神焕发。

图2－5　基本站姿示例

图2－6　标准站姿示例

（三）男女性的不同站姿

女性站立时，双脚成“V”字形或“丁”字形。女士双膝和双脚要靠紧，脚后跟尽量靠拢；或者一只脚略前，一只脚略后，前脚的脚后跟稍稍向后脚的脚背靠拢，后腿的膝盖向前腿靠拢。要表现女性轻盈、文雅、娴静的韵味，给人以一种“静”的优美感。

男性站立时，身体要直，挺胸抬头、下巴微收、双目平视、两膝并严、脚跟靠紧，脚掌分开呈“V”字形；挺髋立腰，吸腹收臀，双手置于身体两侧自然下垂；或者两腿分开，双腿直立平行。男士两脚可稍微分开，但两脚间距离不宜超过肩宽，双手在身后交叉，右手搭在左手上，贴在臀部。

（四）商务工作中常见的站姿

商务工作中常见站姿如下。

1. 肃立（侧放式）

身体直立，双手置于身体两侧裤缝处，中指微曲，双膝并拢，双腿直立，脚掌分开呈“V”字形，下巴微收，双目平视，面带微笑。

2. 直立前腹式

男士：双脚平行分开，两脚间距离不超过肩宽，以20厘米为宜，两手手指自然并拢，双手交叠轻贴腹部，如图2－7（a）所示。也可两脚跟相靠，脚尖展开呈60°，两手叠放在背后或两侧。

女士：双脚并拢，或两脚尖略展开，或站右侧丁字步，两手自然并拢，大拇指交叉，轻贴腹前。女士直立前腹式站姿见图2－7（b）。

（a）　　（b）

图2－7　直立前腹式站姿示例

3. 单背手站姿

两脚尖展开呈90°，左脚向前，将脚跟靠于右脚内侧中间位置成左丁字步，身体重心放在两脚上。左手背后，右手下垂，成左背手站姿；或者站成右丁字步，背右手，左手下垂成右背手站姿（目前用得少）。

4. 单前手站姿

两脚尖展开呈90°，左脚向前，将脚跟靠于右脚内侧中间，左手臂下垂，右臂肘关节屈，右前臂抬至横膈膜处，右手心向里，手指自然弯曲，成右前手站姿。同样相反的脚位和手位可形成左前手站姿。

（五）不同场合的站姿

不同场合使用的站姿如下。

1. 站着与人交谈时

站着与人交谈时，如果空着手，可双手在体前交叉，右手放在左手上。若身上背着皮包，可利用皮包来摆出优美的姿势：一只手插口袋，另一只手则轻推皮包或挟着皮包的肩带。手的放置方式有多种，但不可双臂交叉，更不能两手叉腰，不可将手插在裤袋里或下意识地做小动作，如摆弄打火机、香烟盒，玩弄衣带、发辫，咬手指甲等。

2. 和外宾谈话时

和外宾谈话时，要面向对方站立，保持一定距离，太远或过近都是不礼貌的。站立姿势要正，可以稍弯腰，切忌身体歪斜、两腿分开距离过大、倚墙靠柱、手扶椅背等不雅与失礼姿态。

3. 向长辈、朋友、同事问候或介绍时

在向长辈、朋友、同事问候或介绍时，不论握手或鞠躬，双足应当并立，相距约10厘米，腰背、膝盖要挺直，自然舒适为好。

4. 穿礼服或旗袍时

穿礼服或旗袍时，走丁字步或者小开关步都可以，不要双脚并列，要让两脚之间前后距离5厘米，以一只脚为重心。

5. 等车或等人时

等车或等人时，两足的位置可一前一后，保持45°，这时的肌肉放松而自然，手位自由舒服，但仍保持身体的挺直。

（六）站姿的禁忌

站姿的禁忌如下。

1. 弯腰驼背

在站立时，一个人如果弯腰驼背，除去其腰部弯曲、背部弓起之外，通常还会伴有颈部弯缩、胸部凹陷、腹部凸出、臀部撅起、耸肩等其他不良体态，显得无精打采，像缺乏锻炼，甚至让人怀疑健康状况不佳。

2. 手位不当

站立的时候，必须注意以正确的手位去配合站姿。在站立时手位不当，会破坏站姿的整体效果。站立时手位不当主要表现为：一是双手抱在脑后；二是用手托着下巴；三是双手抱在胸前（见图2－8）；四是把肘部支在某处；五是双手叉腰；六是将手插在衣服或裤子口袋里（见图2－9）。

图2－8　手位不当

图2－9　手位不当

3. 半坐半立

在正式场合，必须注意坐立有别，该站的时候就要站，该坐的时候就要坐，绝不可以贪图舒服而擅自采用半坐半立之姿。当一个人半坐半立时，会显得过于随便。

4. 脚位不当

在正常情况下，“V”字步、“丁”字步或平行步均可采用，但要避免“人”字步、“蹬踩式”步和“外八”字步（见图2－10）。“人”字步即俗称的“内八字步”；“蹬踩式”指的是在一只脚站在地上的同时，把另一只脚踩在鞋帮上，或是踏在其他物体上。

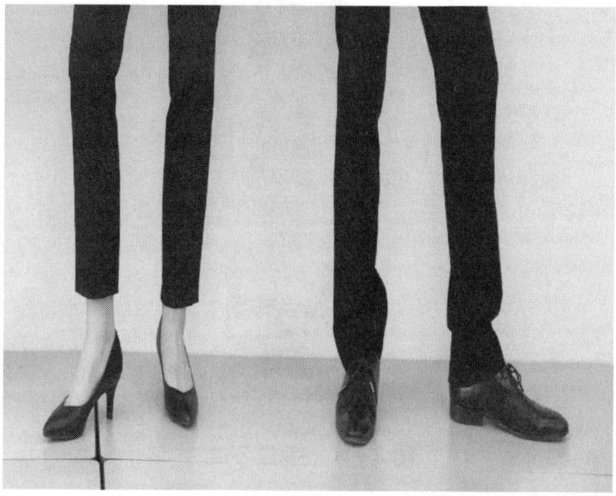

图2－10 脚位不当

5. 身体歪斜

若身体明显地歪斜，如头偏、肩斜、腿曲、身歪或是膝部不直，不但会直接破坏人体的线条美，而且还会使自己显得颓废消沉、萎靡不振或随意散漫（见图2－11）。

图2－11 身体歪斜

6. 其他

站立时不可以探脖、耸肩、挺腹、双手叉腰，也不可以将双腿叉开过大，双脚随意乱动，或随意扶、拉、靠、倚等。这些不雅的站姿会给人懒惰、轻薄、不健康的印象，应当禁止。

（七）站姿训练

1. 九点靠墙站立

后脑、双肩、臀、小腿、脚跟九点紧靠墙面，并由下往上逐步确认姿势要领，练习站立动作的持久性。

2. 顶书训练

头顶书本，把颈部挺直，下巴向内收，上身挺直，书本不能掉下来。

3. 背靠背站立训练

两人一组练习背靠背站立，双方的脚跟、臀、双肩、脑后枕部都紧贴对方。练习站立动作的稳定性。

4. 对镜训练

面对训练镜练习，要求在正确的站姿基础上，结合脸部表情练习（重点是微笑），通过训练镜完善站姿。

进行以上练习要注意肌肉张弛的协调性，强调动作的挺胸立腰，呼吸自然均匀，面带微笑。同时注意站立时要以标准站姿为基础，进行整体规范动作训练。

分析图 2－12 中男士女士站姿的应用场合与要点。

图 2－12

三、稳重端庄的坐姿礼仪

坐姿，是人在就座以后身体所保持的一种姿势。标准坐姿是指将自己的臀部置于椅子、凳子、沙发或其他物体之上，以支持自己身体的重量，双脚则需放在地上。

坐姿从根本上看是一种经常采用的静态姿势。对创业者而言，不论是工作还是休息，坐姿都是其常用的姿势之一。正确的坐姿可以体现出男士的稳重、自信、豁达，女士的庄重、矜持、优美。正确的坐姿与手位的协调配合更能显示出坐姿静态美的魅力，因此，选择良好的坐姿与手位动作是很有必要的。

（一）标准坐姿

入座时，走到座位前，右脚向后撤半步，轻稳坐下，然后把右脚与左脚并齐。上体自然挺直，头正。表情自然亲切，目光柔和平视，嘴微闭，两肩平正放松，两臂自然弯曲放在膝上，也可以放在椅子或沙发扶手上，掌心向下，两脚平落地面。起立时，右脚先后收半步再站起。

优美的坐姿给人以端庄、自然、大方、舒适的感觉。入座后，上体自然挺直，双肩平正放松，两手放在双膝上或两手交叉半握拳放在腿上，亦可两臂微屈放在桌上，掌心向下。两腿自然弯曲，双脚平落地上，双膝应并拢或稍稍分开，但女士的双膝必须靠紧，两脚平行，臀部坐椅子的2/3 或1/2。男士可坐满椅子，背轻靠椅背。双目平视，嘴唇微闭，微收下巴，面带笑容。

（二）女士坐姿

女士就座时，双腿并拢，以斜放一侧为宜，双脚可稍有前后之差，即若两腿斜向左方，则右脚放在左脚之后；若两腿斜向右方，则左脚放在右脚之后。这样从正面看来双脚交成一点，可延长腿的长度，也显得颇为娴雅。女士分腿而坐显得不够雅观，腿部呈倒“V”字式也是不提倡的。女士若穿裙装应有抚裙的动作（见图 2 – 13）。

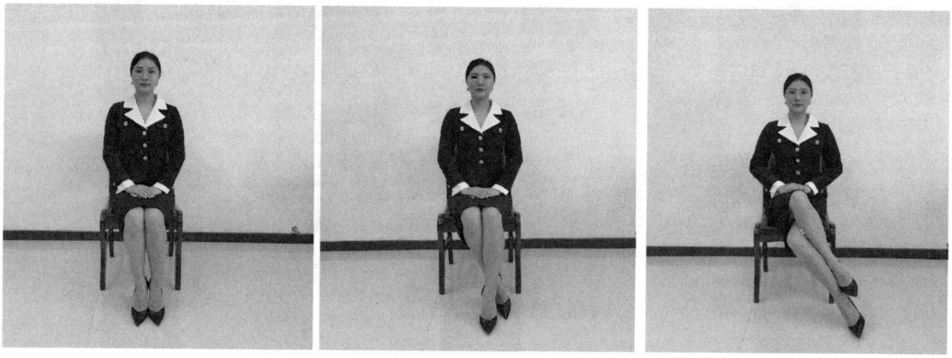

图 2 – 13　女士坐姿示例

（三）男士坐姿

在正式场合，男士就座时应“坐如钟”，这种坐姿给人一种四平八稳的感觉。上体微向前倾，双手放在扶手上；两腿自然弯曲，不要放得太开，也不要收得太拢；头部要自然转动，表情自然。

男士就座时，双脚可平踏于地，双膝亦可略微分开，双手可分置左右膝盖之上，若穿西装则应解开上衣纽扣。一般正式场合中，要求男性两腿之间可有不超过肩宽的距离。在日常交往场合，男性可以跷腿，但不可跷得过高或抖动腿部（见图2－14）。

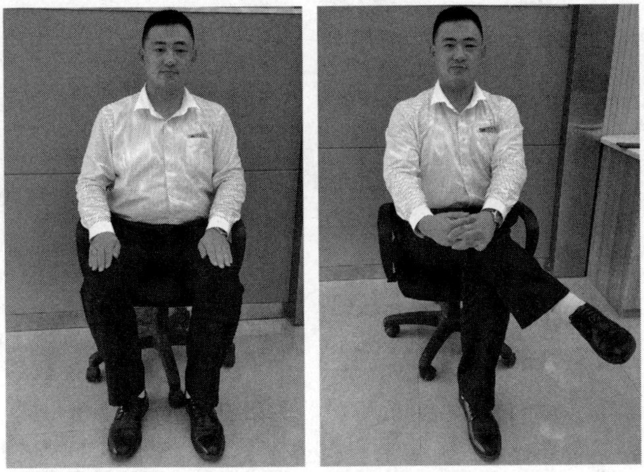

图2－14 男士坐姿示例

欧美国家的男士叠腿而坐时，是把小腿部分放在另一条腿的膝盖上，大腿之间是有缝隙的，但注意脚不要跷得太高，以免鞋底正对旁边的客人。

男士工作时的坐姿要求是：上体挺直，下巴微收，双目平视，表情自然；两腿分开，不超肩宽，两脚平行，小腿与地面垂直；两手分别放在双膝上或双臂弯曲放在桌面上。

在轻松的场合，男士如有需要，可采用“小二郎腿”的坐姿。“小二郎腿”是把一条腿放到另一条腿的大腿上。当年龄较大的男人在同比较年轻的人说话时，可以选择这种坐姿。

（四）不良的坐姿

以下几种不良坐姿需要杜绝：

第一，就座时前倾后仰，歪歪扭扭，脊背弯曲，耸肩探头。

第二，两腿过于叉开或长长地伸出去，萎靡不振地瘫坐在椅子上。

第三，坐下后随意挪动椅子，跷二郎腿时摇腿。

第四，为了表示谦虚，故意坐在椅子边上，身体蜷缩前倾地与人交谈。

第五，大腿并拢，小腿分开，或双手放在臀下，腿脚不停地抖动。

第六，就座时脚尖相对或跷起，脚尖直指他人；双脚踝部交叉，半脱鞋，两脚在地上蹭来蹭去；不停地摆弄手中东西，如头发、饰品、手指、戒指等。

第七，女士入座时露出衬裙。

第八，男士在礼仪场合使用“4”字形的叠腿方式（见图2－15）、双膝叉开大于肩宽（见图2－16）或用手把叠起的腿扣住的方式。

图2－15　“4”字形叠腿方式

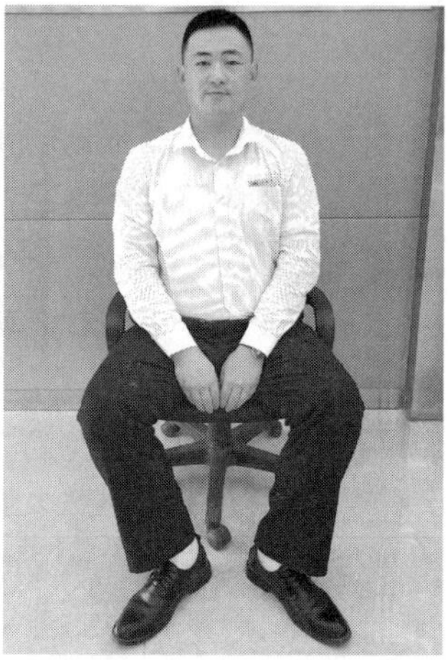

图2－16　双膝叉开大于肩宽

（五）常用坐姿

八种常用坐姿如下。

1. 正襟危坐式

正襟危坐式是最基本的坐姿，适用于最正规的场合。要求上身与大腿、大腿与小腿、小腿与地面都成直角。双膝双脚完全并拢。

2. 垂腿开膝式

垂腿开膝式多为男性所使用，也较为正规。要求上身与大腿、大腿与小腿皆成直角，小腿垂直于地面。双膝分开，但不得超过肩宽（见图2－17）。

图2－17　垂腿开膝式

3. 双腿叠放式

双腿叠放式适合穿短裙子的女士（或身份地位较高的女士）使用，造型极为优雅，有一种大方高贵之感。双腿斜放于左右一侧，斜放后的腿部与地面呈45°。叠放在上的脚尖垂向地面。

4. 双腿斜放式

双腿斜放式适用于穿裙子的女士或身份地位较低的女士。要求双膝先并拢，然后双脚向左或向右斜放，力求使斜放后的腿部与地面呈45°。

5. 双脚交叉式

双脚交叉式适用于各种场合，男女皆可使用。要求双膝先并拢，然后双脚在踝部交叉。交叉后的双脚可以内收，也可以斜放，但不宜向前方远远直伸出去。

6. 双脚内收式

双脚内收式适合一般场合，男女皆宜。要求大腿首先并拢，双膝略打开，小腿分开后向内侧屈回。

7. 前伸后屈式

前伸后屈式是女性适用的一种优美的坐姿。要求大腿并紧之后向前伸出一条腿，并将另一条腿屈后，两脚脚掌着地，双脚前后要保持在同一条直线上。

8. 大腿叠放式

大腿叠放式适合男性在非正式场合采用。要求两条腿在大腿部分叠放在一起。叠放之后位于下方的一条腿垂直于地面，脚掌着地。位于上方的另一条腿的小腿则向内收，同时脚尖向下（见图2－18）。

图2－18　大腿叠放式

（六）不同场合的坐姿

不同场合的坐姿如下。

1. 餐厅就餐时的坐姿

在餐厅就餐时，最得体的入座方式是从左侧入座。就座后，坐姿应端正，上身可以轻靠椅背。不要用手托腮或双臂肘放在桌上。不要频频离席或挪动座椅。用餐时，上臂和背部要靠到椅背，腹部和桌子保持约一个拳头的距离。

2. 面谈中的坐姿

面谈时，入座要轻、稳、缓。一般从椅子的左边入座，离座时也要从椅子左边离开。背后有依靠时，也不能随意地把头向后仰靠，这样会显得很懒散。就座以后，不能两腿摇晃，或者一条腿放在另一条腿上。双腿要自然并拢，不宜分得很开。不要玩弄衣带、发辫、香烟盒、笔、纸片、手帕等，也不要做玩手指头、抓头发、抠鼻孔、跷起二郎腿乱抖、双手托下巴、摇摆下腿等小动作。

3. 低座位或较高座位的坐姿

坐在低座位时，臀部后面距椅背约2厘米，背部靠椅背。穿高跟鞋坐在低座位上时膝盖会高出腰部，应当并拢两腿，使膝盖平行靠紧，然后将膝盖偏向对话者，偏的角度应根据座位高低来定，但以大腿和上半身构成直角为标准。坐在较高的座位时，上身仍然要正直。

4. 两个人并排坐在一起时

如果双方相互友好，那么他们会在无意中将架在上面的腿朝向对方，这样他们的上身就离得更近。如果双方并不友好，即使在进行热烈的交谈，腿也会将内心的不满暴露出来：双腿交叉时，他们会将架在上面的腿转向相反的方向，身体也借以偏离。

（七）坐姿训练

1. 背对训练镜，练习入座前的动作

入座时，走到座位前面再转身，转身后右脚向后退半步，然后轻稳地落座。动作要求轻盈舒缓，从容自如。

2. 面对训练镜，练习入座前的动作

以站在座位的左侧为例，先左腿向前迈出一步，右腿跟上并向右侧一步到座位前，左腿并右腿，接着右脚后退半步，轻稳落座；入座后右腿并左腿端坐，双手虎口处交叉，右手在上，轻放在一侧的大腿上。

3. 练习入座后的端坐姿势

动作要求以正确坐姿规范为基础，配合面部表情，练习坐姿的直立感、稳定性等综合表现（男女士各按要求练习）。

4. 坐姿腿部的造型训练

在上身姿势正确的基础上，练习腿部的造型。男士练习两腿开合动作；女士练习平行步、“丁”字步、小叠步的动作。要求动作变换要轻、快、稳，给人以端庄大方、舒适自然之感。

5. 离座动作训练

离座起立时，右腿先向后退半步，然后上体直立站起。从左侧还原到入座前的位置。

训练时间每次 20 ~ 30 分钟，训练时最好配上音乐，以减轻疲劳。

四、谦逊优雅的蹲姿礼仪

在日常生活中，人们捡拾地上或低处的物品时，习惯姿势是弯腰、翘臀。这种姿势是不合适的，如能恰当地采用蹲姿，将会给人留下美好的印象。

（一）正确的蹲姿

当要下蹲取物时，上体尽量保持正直，两腿合力支撑身体，靠紧向下蹲。女士无论采用哪种蹲姿，都要将腿靠紧，臀部向下。举止应自然、得体、大方、不造作，才能体现出蹲姿的优美。蹲姿一般可分为高低式和交叉式两种。

1. 高低式蹲姿

下蹲时左（右）脚在前，右（左）脚稍后（不重叠），两腿靠紧向下蹲。左（右）脚全脚着地，小腿基本垂直于地面，右（左）脚脚跟提起，脚掌着地。右

（左）膝低于左（右）膝，右（左）膝内侧靠于左（右）小腿内侧，形成左（右）膝高右（左）膝低的姿态，臀部向下，基本上以膝低的腿支撑身体。

2. 交叉式蹲姿

下蹲时，右（左）脚在前，左（右）脚在后，右（左）小腿垂直于地面，全脚着地，左（右）腿在后与右（左）腿交叉重叠，左（右）膝由后面伸向右（左）侧，左（右）脚跟抬起，脚掌着地，两腿前后靠紧，合力支撑身体。臀部向下，上身稍前倾。女士穿裙装时多采用这种蹲姿。

正确蹲姿如图 2－19 所示。

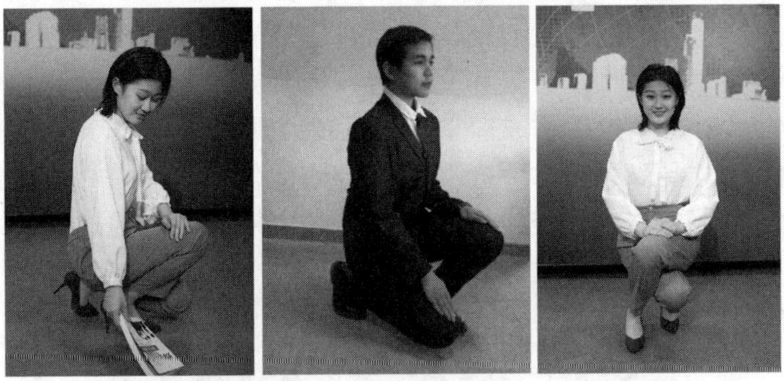

图 2－19　正确蹲姿示例

（二）不良的蹲姿

下蹲时注意不要有弯腰、臀部向后撅起的动作；不要两腿叉开平衡下蹲；下蹲时不能露出内衣裤。当要拾起落在地上的东西或拿取低处物品的时候，应先走到要捡或拿的东西旁边，再使用正确的蹲姿，将东西拿起。

第三节　手势万千 风度自现

在商业社交中，除了站、坐、走、蹲姿之外，手势的使用与仪态也应时刻加以注意。手部的动作刻画着创业者的个性、状态、风度、气场。“心有所思，手有所指”，如果说眼睛是心灵的窗户，那么手就是心灵的触角。每个手势有其传递的信息，在商业活动中手势的使用不能频繁或错误，否则就会影响形象。接纳别人递来的物品时要使用得体的递接礼手势，介绍方位与他人时要使用得体的指引礼手势，送别与致意时要使用得体的挥手礼手势等。

一、递接礼

在递送和接收物品时要用双手，以体现重视与尊重，等对方拿稳后再松手。递接尖刀类的器物时，应把尖刀一面朝向自己放置，并提醒对方拿取时注意安全。递接资料和文件夹时，资料和文件的方向要方便对方阅读，忌朝向自己递送出。展示物品时，手指持拿或捏拿的角度要方便他人观看，要持托外侧边沿，递送礼物或鲜花时要双手捧拿，高度在对方胸前位置，保持一定的距离，动作要平稳缓慢，要和对方对视交流。递接名片时也需双手，递送和接收时用眼神致意，且收到后要仔细阅读（见图 2－20）。

图 2－20　递接礼手势示例

二、指引礼

指引礼用于介绍他人、方位示意以及邀请致意。通常掌心向上，表示一种诚恳和恭敬，四指并拢拇指靠近，手掌、手腕、小臂成一条直线，与水平面呈 45°（见图 2－21）。指引礼依据距离的远近与场景的运用分为曲臂式、横摆式、直臂式。

（一）曲臂式

小臂与大臂夹角呈 90°，大臂与身体夹角呈 60°，眼睛看向对方或指示近距离的物品与方位。一般适用于向他人介绍时近距离的示意。

图 2－21 指引礼手势示例

（二） 横摆式

从身体中部伸出手臂，大臂带动小臂，自然摆动，有弧度。适用于远距离的方位示意与邀请。

（三） 直臂式

手臂伸直，手掌、手腕、小臂与大臂保持一条直线，方位可以依据所示位置呈现上位、中位和下位的位态，手臂有力度。适用于近距离的提醒与警示，以及下方位座椅的邀请入座。

三、挥手礼

挥手礼用于挥手致意、见面招呼或分离时的道别。行挥手礼要注意，手掌并拢靠近耳际平行位置，摆幅适度，挥手不要频繁、速度过快。挥手两三次就可以放下或固位停留。稳重的挥手可以体现创业者的稳重与淡定（见图 2－22）。

挥手时，手势不可松软无形。（见图 2－23）。

图 2－22 挥手礼正确示例

图 2－23 挥手礼错误示例

四、手势语

手部是人类肢体中最灵活的部位，手和手臂相互配合，可以产生许多姿态和动作，形成丰富多样的手部语言。手部语言很重要的表现形式是手势语，不同文化的手势语种类、含义有较大差别。

（一）手势语的文化差异

美国人面对开过来的车辆，右手竖起大拇指向右肩晃动，表示要求搭便车。在其他时候，竖起大拇指，可表示友好、赞赏。但这一手势在澳大利亚和新西兰则被认为是淫荡之意。美国前总统布什由于不了解这一文化差异，结束对澳大利亚的访问后，在机场与澳大利亚欢送者告别时竖起大拇指，就引起了澳大利亚人的误会。1959 年，赫鲁晓夫访问美国时，把双手举过头鼓掌。这个手势在俄罗斯表示友谊，可是在美国通常是在战胜对手后表示骄傲的意思。苏联和美国在二十世纪五六十年代本来就是冷战的对手，赫鲁晓夫这一举动使许多美国人感到十分不快。此外，不同民族的手势使用频率也不一样，美国人、北欧人对手势的使用比较有节制，而中东、南欧和南美人使用得比较多。西欧甚至有这样一句谚语："意大利人的双臂如果被截去，他们宁可不说话。"美国心理学家麦克·阿尔基对各国手势语的使用进行了调查，结果发现，在 1 个小时的说话中，意大利人做手势 80 次，法国人 120 次，墨西哥人 180 次，而芬兰人只有 1 次。

（二）常见的手势动作及含义

常见的手势动作及含义见表 2－2。

表 2－2　常见的手势动作及含义

含义	手势动作
点赞手	

续表

含义	手势动作
“OK”手	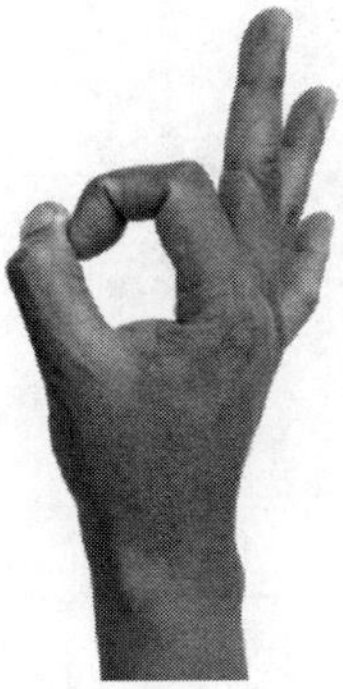
“V”形胜利手	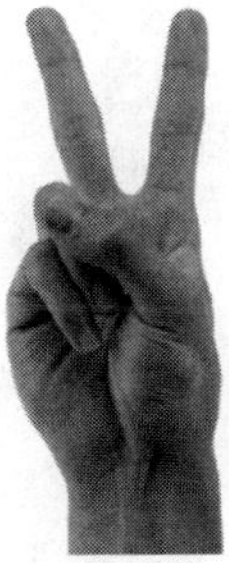
指点手	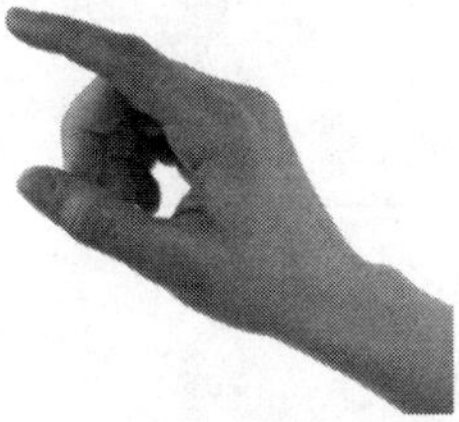
曲指手	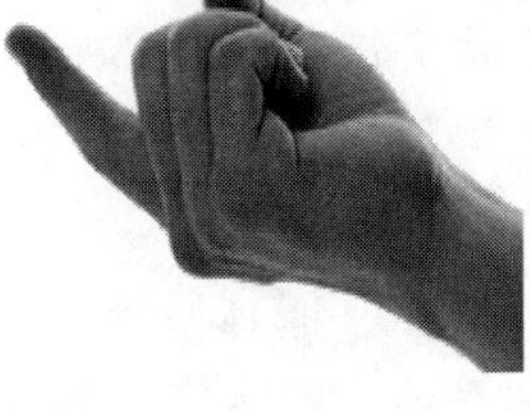

续表

含义	手势动作
拳头手	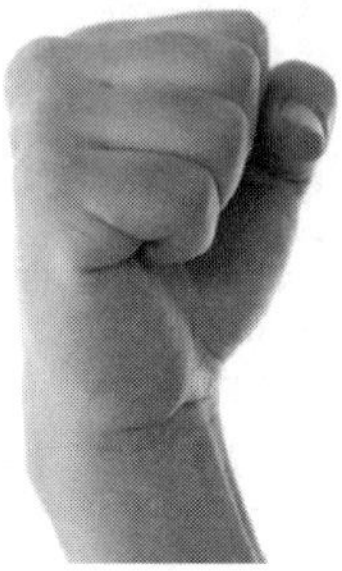
“比心”手 （单手）	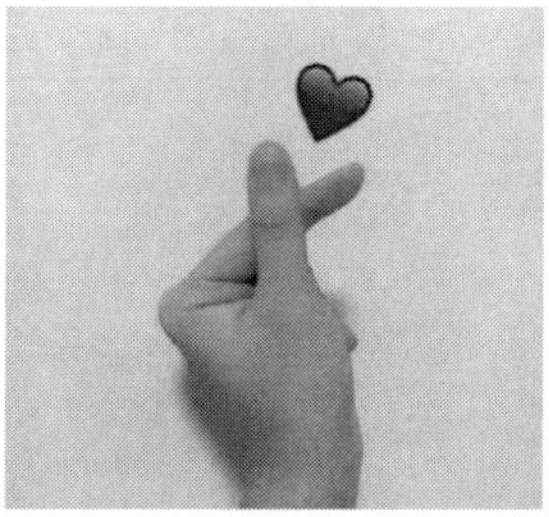
“比心”手 （双手）	

五、手势的禁忌

手势的禁忌如下。

（一）不敬的手势

掌心向下挥动手臂、用食指指人、勾动食指、伸出手指指指点点等都是失礼的表现。

（二）不雅的手势

当众掏耳朵、抠鼻孔、抓耳挠腮、无遮掩剔牙、习惯性咬手指、用手指不停地在桌面上敲击等会给人留下缺乏教养的印象。

（三）过度的手势

手势幅度过大是指当众伸懒腰、手舞足蹈、手部动作夸张、坐着时两手臂向后伸展幅度过大等。

结合图 2－24，分析其手势语的运用优点。

请给图 2－25 的女士设计 3～5 个演讲的手势语。

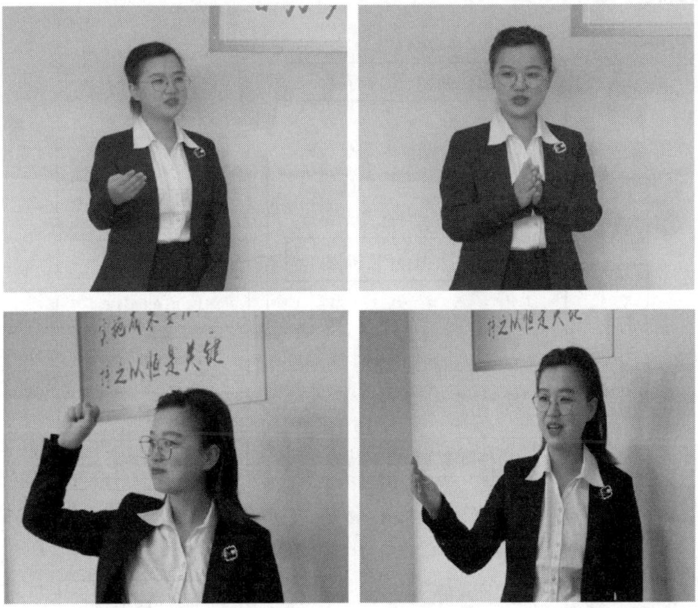

图 2－24

图 2－25

第三章　创业者的交往 礼尚往来

章节框架

- 创业者的交往 礼尚往来
  - 交往会谈 距离有度
  - 握手法则 开拓机遇
    - 握手的时机
    - 握手的方式
    - 握手的类型
    - 握手的顺序
    - 握手的禁忌
  - 称呼有别 恰如其分
    - 正规称呼
    - 称呼的禁忌
    - 称呼的技巧
  - 名片往来 微信互联
    - 名片往来
    - 微信互联

第一节　交往会谈 距离有度

人际交往既是一种社会活动，也是人的一种本能。个人与个人、个人与群体、群体与群体交往时，因彼此的关系不同，周围的环境不同，彼此之间都需要保持一定的“社交距离”。保护自己的人际空间，尊重和爱护他人的人际空间，从而维护自己和他人的尊严、人格，是礼仪的重要内容之一。

人与人的远近亲疏可以用界域或距离的大小来衡量。现代社会大多存在四种空间距离（见表3-1）。

表3-1　空间距离的类别

类型	适用范围	距离参照	详尽说明	备注
亲密距离	恋人之间，夫妻之间，父母子女之间以及亲密好友之间的交往距离。可以分为近位距离和远位距离	近位亲密距离为0～15厘米。远位亲密距离为15～46厘米	这是一个可以肩并肩、手挽手的空间，在这个空间里，人们可以谈论私事，说悄悄话，亲密无间	在大庭广众面前，除了十分拥挤的场合以外，一般异性是不应进入这一空间的
私人距离	朋友、同事之间的社交距离，这是一个更有“分寸感”的交往空间，也可分为近位和远位两种	近位私人距离为46～76厘米，远位私人距离为76～122厘米	在这一距离内，稍一伸手就可触及对方，双方可以亲切握手。近位私人距离在酒会的人际交往中比较常见，谈话双方会有一种亲切感，体现亲切、友好、融洽	由于这一距离有较大开放性，亲密朋友、熟人可随意进入这一区域
社交距离	这个距离多用于会见外宾、商务谈判时，体现的是一种社交性的、较正式的人际关系。也可分为近位和远位两种	近位社交距离为1.22～2.13米，远位社交距离为2.13～6.1米	在工作环境中，领导与部属谈话、布置任务、交代工作、听取汇报等一般保持这个距离。在一般的社交聚会上，陌生人之间、客户之间商谈事务时也采取这一距离	在一些领导的办公室里，其办公桌的宽度在2米以上，这一设计宽度显示领导者与下属谈话时的距离与威严

续表

类型	适用范围	距离参照	详尽说明	备注
公众距离	这是人际接触中界域观念的最大距离，适用于演讲、报告、讲课，是一切人都可自由出入的空间。也有近位公众距离和远位公众距离之分	近位公众距离在6.1米之外，远位公众距离在8米以外	近位通常是小型活动的讲话人与听众之间的距离，如教师讲台与学生课桌之间的距离。远位是大型报告会、听证会、文艺演出时演讲者、演员与观众之间应当保持的距离，体现公开、自由	

第二节　握手法则 开拓机遇

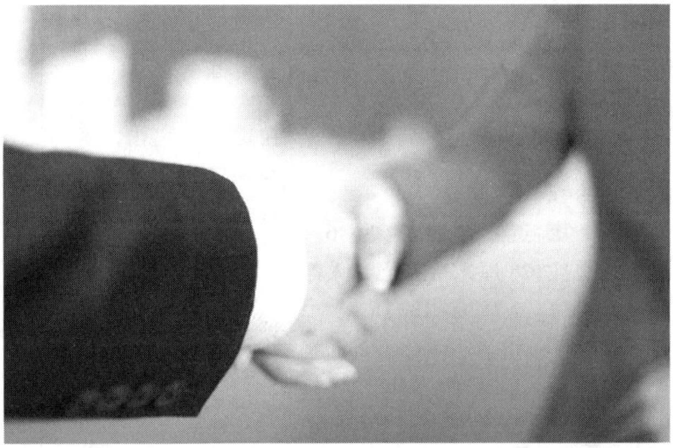

“聚散忧喜皆握手，此时无声胜有声。”可以说，握手是在社交场合司空见惯的一种礼仪，它看似平常，却是沟通思想、交流感情、增进友谊的重要形式。文雅而得体的握手，是人们必须掌握的一种交际艺术。

一、握手的时机

以下时机适合握手：

第一，遇到久未谋面的熟人时。

第二，在比较正式的场合与相识之人道别时。

第三，自己作为东道主迎送客人时。

第四，向客户辞行时。

第五，被介绍给不相识者时。
第六，在外面偶遇同事、朋友、客户或上司时。
第七，感谢他人的支持、鼓励或帮助时。
第八，向他人或他人向自己表示恭喜、祝贺时。
第九，应邀参与社交活动见东道主时。
第十，对他人表示理解、支持、肯定时。
第十一，在他人遭遇挫折或不幸而表示慰问、支持时。
第十二，向他人或他人向自己赠送礼品或颁发奖品时。
以下时机不适合握手：
第一，对方手部有伤时。
第二，对方手里拿着较重的东西时。
第三，对方忙打电话、用餐、主持会议、与他人交谈时。
第四，对方与自己距离较远时。
第五，所处环境不适合握手时。

二、握手的方式

作为一种常规礼节，握手的具体方式颇有讲究。在问候之前，双方各自伸出右手，彼此之间保持一步左右的距离，手掌略向前下方伸直，掌心向左，两人手掌平行相握，面带微笑地注视对方的眼睛，以示认真和恭敬（见图 3－1）。在握手时，手劲过大、手掌软弱无力、用指尖和手背握手、戴着手套握手都是不礼貌的。握手时应注意的细节如下。

图 3－1　握手示例

（一）神态

与他人握手时，应当神态专注、表情友好。在正常情况下，握手时应注视对方双眼，面带笑容，同时问候对方。

（二）姿势

与人握手时，一般应起身站立，迎向对方，在距其1米左右伸出右手，握住对方的右手手掌，上下晃动一两下，注意手掌要垂直于地面。

（三）力度

握手的时候，用力既不可过轻，也不可过重。若用力过轻，有怠慢对方之嫌；而用力过重，会使对方感到不适而生反感。

（四）时间

一般来讲，在普通场合与别人握手所用的时间以3秒钟左右为宜。

三、握手的类型

握手的类型如下。

（一）平等式握手

平等式握手指手掌垂直于地面并合握。这种方式多用于双方地位平等时。

（二）友善式握手

友善式握手指自己掌心向上与对方握手。这种握手方式能够显示自己谦恭、谨慎的态度。

（三）控制式握手

控制式握手指掌心向下与对方握手。这种握手方式显得自高自大，基本不予采用。

（四）手套式握手

手套式握手，即用右手握住对方右手后，再以左手握住对方右手的手臂。这种方式适用于亲朋好友之间，以表达自己的深厚情谊；不适用于初识者或异性，否则会被误解为讨好或失态。

英格丽女士说过，死鱼式的握手方式是别人对你第一印象的杀手。除死鱼式握手外，抓指尖式 、拉臂式 、抠手心式等几种握手的方法，在商务场合是不提倡的。

四、握手的顺序

握手要体现对他人的尊重，因此，握手的先后顺序很有讲究。一般情况下，讲究的是“尊者居前”，即通常应由身份较高者先伸手，反之则是失礼的。握手的先后顺序应根据年龄、社会地位、身份、性别及有关条件来确定。

握手一般遵循“尊者决定”的原则，即由尊者先行，由主人、上级、长辈和女士先伸手，客人、下属、晚辈和男士一般应先问候，待对方伸出手后，再伸手与之相握。所以，当见到长辈、上级、女士时，不宜贸然伸手。在主宾之间，迎客时，主人先伸手；辞行时，应是客人先伸手表示离开之意，否则主人就有撵人之嫌。

在社交和商务场合，当别人不按照先后顺序的惯例伸手时，都应毫不迟疑地立即回握，拒绝他人的握手是不礼貌的。

在正式场合，握手时伸手的先后次序主要取决于职位、身份。在社交、休闲场合，则主要取决于年纪、性别、婚否。已婚者与未婚者握手，应由已婚者首先伸出手来。

五、握手的禁忌

握手时，另外一只手不要拿着报纸、公文包等东西不放，也不要插在口袋里。

不要在握手时争先恐后，应当依照顺序依次而行。

不允许交叉握手。当两人正握手时，别人不能跑上去与正在握手的人握手。

与女士握手，不宜握得太紧太久，不能精神分散、目光游移、左顾右盼、心不在焉。

不要在与人握手后用手帕擦手。

不要以肮脏不洁或患有传染性疾病的手与他人相握。如正在干活、手不干净时，应说明原委，取得他人谅解。

不要拒绝与他人握手。不要把对方的手拉过来、推过去，不要仅握住对方的手指尖，也不要用冷冰冰的手指尖与人相握。

跨门槛时不可握手，这被认为是一种不礼貌的握手。

不要用左手与人握手。握手宜用右手，即使是左撇子，也要用右手去握。以左手握手被普遍认为是失礼之举。

不要戴墨镜、戴手套与人握手，握手前务必脱下手套。只有女士在社交场合戴着薄纱手套与人握手才是被允许的。如确有不便（残疾），要向他人说明情况，请求对方原谅。按照国际惯例，身穿军服的男人可以先敬礼，然后戴着手套和女士握手。

不要贸然用双手与人握手。用双手与人相握，只有在熟人之间才适用。与初识之人握手，尤其当对方是一位异性时，两手紧握对方的一只手或者上下左右抖个不停是不妥当的。

第三节　称呼有别 恰如其分

记住对方的名字，并把它叫出来，等于给对方一个很美妙的赞美。而若是把他的名字忘了或写错了，你就会处于不利的地位。

——卡耐基

人际交往中称呼是表示相互关系或身份、职业的名称。不论在什么场合，不论与什么人交往，要引起对方的注意，必须以某种称呼来呼唤对方。称呼是沟通人际关系的信号与桥梁，也是表达情感的重要手段。

一、正规称呼

称呼，一般是指人们在交往应酬中彼此之间所采用的称谓语。选择正确的、适当的称呼，既反映着自身的教养，又体现着对他人的重视程度，有时甚至还体现着双方关系所发展到的具体程度。

在工作岗位上，人们所使用的称呼有其特殊性。下面五种正规的称呼方式，是可以广泛采用的。

（一）称呼行政职务

在商务交往中，此类称呼最为常用，表示交往双方身份有别。

（二）称呼技术职称

对于具有技术职称者，特别是具有高、中级技术职称者，在工作中可直称其技术职称，以示对其敬意有加。

（三）称呼职业名称

一般来说，直接称呼被称呼者的职业名称，往往都是可行的。

（四）称呼通行尊称

通行尊称，通常适用于各类被称呼者。诸如“同志”“先生”等，都属于通行尊称。不过，其具体适用对象也存在差别。

（五）称呼对方姓名

称呼同事、熟人时，可以直接称呼其姓名，以示关系亲近。但对尊长、外人不可如此。

二、称呼的禁忌

以下四种错误称呼，都是商务场合不宜采用的。

（一）庸俗的称呼

在正式场合采用低级庸俗的称呼，是非常失礼的行为。

（二）他人的绰号

在正式场合当面以绰号称呼他人，是不尊重对方的表现。

（三）地域性称呼

有些称呼，诸如“师傅”“小鬼”“幺妹”“小丫儿”等，具有地域性特征，不宜不分对象地滥用。

（四）简化性称呼

在正式场合，有不少称呼不宜随意简化。例如，把“张局长”“王处长”称为“张局”“王处”，是不礼貌的。

三、称呼的技巧

称呼多用在交往的开端，用称呼表达出对人的尊敬，是交往礼仪的基本要求。对人用敬称，对己用谦称，是我国传统美德的一种体现。

对具有一定职务或职称的人，应在姓名之后或者姓之后加上职务、职称或以学位相称，职业也可以作为称呼，如王老师、吴大夫等。

为对德高望重的老领导、老专家表示由衷的敬重，一般在对方的姓氏之后加“老”或“公”字相称。

在商务交往中，不分情况地对他人直呼其名是失礼的行为。

根据我国的传统礼仪，称呼他人的亲属时也应当用敬称，用得最为广泛的是以“令”“尊”“贵”“贤”等构成的一系列敬称词。

对自己的谦称常用“在下”“学生”“小弟”“鄙人”等。与自己有关的事物都可加上谦词以表示对他人的尊敬。

交往中，对男性可尊称为“先生”；而对女性的称呼应根据对方的婚姻状况，分别称之为“小姐”（未婚女性）、“太太”或“夫人”（已婚女性）、“女士”（婚姻状况不明者）等。

在交往中，为了表明对对方的熟悉程度或尊敬之意，对不同的人可以分别称呼其姓名、职务、职称、学衔或职业。

见面多用尊称。例如，用“您”字代替“你”字，会让对方感受到尊重之意。

多说客套话，礼多人不怪，如初次见面说“久仰”，好久不见说“久违”，请人评论说“指教”，求人原谅说“包涵”，麻烦别人说“打扰”，等等。

关于称呼礼仪，有这样一个小故事：有位人口普查员填写人口登记表时问一位没有文化的老太太：“您有配偶吗?”老太太愣了半天回答不上来。旁边有人解释说：“他是问您有老伴吗?”老太太这才恍然大悟。在这个故事中，人口普查员使用了正规的社交称呼，但这种称呼对于没有文化的老太太而言，显然是难以理解的。因此，我们在使用社交称呼时也要考虑到能否使对方理解。

第四节　名片往来 微信互联

创业者商务往来、情感联络、客户维系都离不开名片与微信的互通互联。

名片发展至今，已是现代人交往中一种必不可少的联络工具，成为具有一定社会性、广泛性，便于携带、使用和保存的信息载体之一。名片是我国古代文明的产物，最早见于西汉《释名·释书契》：“谒，诣告也。书其姓名于上以告所至诣者也。”至唐改木简为纸，以笺写名字互换信息。元代易为“拜帖”，明清时又称“名帖”“片子”，除记录姓名、籍贯外，还载有官职。

随着互联网的发展与移动手机的现代化，微信交流已经成为彼此沟通交流的主要方式，名片的使用度也在下降。

一、名片往来

在人际交往中，名片最基本的功能是进行自我介绍。除此之外，名片还可以替代便函、介绍信、礼单、请柬，用于通报和留言，通知变更。

（一）名片的类别

根据名片用途、内容及使用场合的不同，在日常生活中使用的名片可以分为社交名片和公务名片两类。在不同的场合，根据不同的需要，面对不同的交往对象时，应当使用不同的名片。

1. 社交名片

社交名片，亦称私用名片，指的是在工作之余以私人身份在社交场合进行交际应酬时所使用的名片，只用于社交场合。

社交名片的基本内容包括两个部分：一是本人姓名，以大号字体印在名片正中央，姓名之后无须添加任何公务性官衔；二是联络方式，以较小字体印在名片右下方，具体内容包括家庭住址、邮政编码、电话等。

2. 公务名片

公务名片，指正式使用于公务活动之中的名片。值得注意的是，身边如果没有公务名片，可用社交名片代替。但如果没有社交名片，不能用公务名片代替。可见公务名片有着很强的公务性规范。

标准的公务名片，按惯例应由本人称呼、具体归属、联络方式等三项基本内容构成。

本人称呼由本人姓名、行政职务、技术职务、学术头衔等几个部分构成。具体归属包括供职的单位、所在的部门等内容，这些内容均应采用正式的全称。名片上所列的单位或部门不宜多于两个。

（二）名片的制作

各国名片的规格是不尽相同的。目前我国通行的名片规格为 9 厘米 ×5.5 厘米，而在国际上较为流行的名片规格则为 10 厘米 ×6 厘米。一般人员以前一种规格定制名片。如果参与的公务活动多为涉外性质，则可采用后一种规格。

名片通常应以耐折、耐磨、美观、大方、便宜的纸张作为首选材料，如白卡纸、再生纸等。

一般商务人员所定制的名片宜选用单一色彩的纸张，并且以米白、米黄、浅蓝、浅灰等庄重朴实的色彩为佳。名片上除了文字符号外不宜添加任何没有实际效用的图案。正式使用的名片应采用标准的简体汉字，如无特殊原因，不得使用繁体字。

（三）递交名片的礼仪

商务人员携带的名片一定要数量充足，确保够用。所带名片要分门别类，根据不同交往对象使用不同名片。

名片要完好无损，保持干净整洁，切不可出现折皱、污损、涂改的情况。

名片应统一置于名片夹、公文包或上衣口袋之内，在办公室时还可置于名片架或办公桌上。切不可随便放在钱包、裤袋之内。

希望认识对方时，可主动递交名片。

对方向自己索要名片或对方提议交换名片时，是交换名片的最佳时机。

初次登门拜访对方，要准备好名片递交。

如对方对自己并无兴趣或不想认识，最好不要递交名片；双方之间地位、身份、年龄差别很大时，可以婉拒递交名片。

递名片时应起身站立，走上前去，上体前倾15°左右，使用双手将名片举至胸前，正面对着对方，递给对方。

若对方是外宾，最好将名片印有英文的那一面对着对方。

将名片递给他人时，应说“多多关照”“常联系”等话语，或是先做一下自我介绍。

与多人交换名片时，应讲究先后次序，或由近而远、或由尊而卑进行。首先由位低者向位高者发送名片，再由后者回复前者。

递交名片一般应选择初识之际或分别之时，不宜过早或过迟。不要在用餐、戏剧、跳舞之时递交名片。

递上名片前，应当先向接受名片者打个招呼，令对方有所准备。既可先做一下自我介绍，也可以说声“对不起，打扰了”“可否交换一下名片”之类的提示语。

递交名片时注意不要将名片背面对着对方或是颠倒着面对对方，不要将名片举得高于胸部或以手指夹着名片给对方。

递交名片时，用单手递交是不礼貌的行为（见图3－2）；不伸大臂而只伸出小臂递名片，会给人畏缩、不自信的感觉（见图3－3）。

图3－2　单手递交名片

图3－3　递交名片时未伸出大臂

（四）索要名片的礼仪

想主动结识对方或者有必要索取对方名片时，可采用互换法，向对方提议交换名片。在主动递上自己的名片后，对方按常理会将他的名片递回。

向尊长索要名片时用暗示法，说："请问今后如何向您请教？"向平辈或晚辈表达此意时可说："请问今后怎样与您联络？"

面对他人的索取，不应直接加以拒绝。拒绝时应采用委婉的方式，最好向对方表示自己的名片刚用完，或说自己忘了带名片。

（五）接受他人名片的礼仪

接受他人名片应注意的细节如下。

1. 态度谦和

接过他人名片后，不论有多忙，都要暂停手中一切事情，并起身相迎，面带微笑。最好双手接过名片，至少也要用右手，不得使用左手。

2. 认真阅读

接过他人名片后，先向对方致谢，然后用至少一分钟时间将名片内容从头至尾默读一遍，遇到描述对方职务、头衔的文字不妨轻读出声，以示尊重和敬佩。若对对方名片上的内容有所不明，可当场请教对方。

3. 精心存放

接过他人名片后，应将其谨慎地置于名片夹、公文包或上衣口袋之内，且应与本人名片区别放置。

4. 有来有往

接过他人名片后，一般应当立即将自己的名片回递对方。没有名片、名片用完了或者忘了带名片时，应向对方做出合理解释并致以歉意。

（六）存放名片的礼仪

商务人员应及时把收到的名片加以分类整理，以方便日后使用。不要将它随意夹在书刊、文件中，更不能把它随便地扔在抽屉里。存放名片要讲究方法，做到有条不紊。

在参加商务活动时，要随时准备名片。

随身所带的名片最好放在专用的名片包、名片夹里。公文包以及办公桌抽屉里也应经常备有名片，以便随时使用。

接过他人的名片看过之后，应将其精心存放在自己的名片包、名片夹或上衣口袋内。

名片的分类有以下 5 种方式：

第一，按姓名拼音字母分类。

第二，按姓名笔画分类。

第三，按部门、专业分类。

第四，按国别、地区分类。

第五，输入商务通、电脑等电子设备中，使用其内置的分类方法。

（七）递接名片时配套的其他行礼方式

递接名片时配套的其他行礼方式如下。

1. 欠身

欠身是向别人表示自谦的礼貌举止，可站着，亦可坐着。它与鞠躬略有差别：鞠躬要低头，而欠身仅身体稍向前倾，两眼仍可直视对方。

2. 点头

点头是与别人打招呼时常用的礼貌举止，通常用于会场、路遇和迎送的场合，尤其是在会场说话不便之时或迎送者人数较多时，用点头的方式可以向许多人同时致意。

3. 起立

起立是向尊长、来宾表示敬意的礼貌举止，如坐着的位低者看到刚进屋的位尊者、坐着的男子看到站立着的女子或者在送他们离去时，可以用起立表示自己的敬意。

4. 举手

举手也是与别人打招呼时的礼貌举止。手举过头常用于远距离向对方问候；手举过头并左右摆动常用于送别场面，表示依依不舍。手不举过头常用于中距离向对方问候。

5. 拱手

拱手是身份相仿者之间互致敬意的礼貌举止。拱手即双手相抱，一般是左手抱住右手，上举齐眉，下至胸前，上下摇动几下，表示致敬、庆贺。

二、微信互联

在互联网飞速发展的今天，线上联系的方式让交流更加方便和及时，这也就衍生出了许多社交软件，而“微信”便是中国民众普遍在用的交友软件之一。如何能恰当地加微信好友呢？一是直接在名片上印微信号，若对方有意便会主动加好友，既委婉又不显尴尬；二是直接提出加微信的请求，但这种方式建议在双方有过一定交流后再尝试。

（一）个人微信基本信息的设置礼仪

个人微信基本信息的设置礼仪如下。

1. 昵称

用于工作的微信账号昵称应该使用符合社会主流价值观念的名字，做到清晰、庄重而又不失亲切。不宜以符号、表情作为昵称或昵称中添加符号、表情。除非工作需要，尽量不使用外文作为昵称。特定行业可以在昵称中明确标注自己的工作性质或者工作岗位、业务范围等信息。

2. 头像

用于工作的微信账号应使用符合社会主流价值观的图片，展现积极、健康的网络个人形象。特定行业应采用正式的图片作为头像，如个人工作照、公司或者所在部门标志，展现专业素养的同时也便于客户迅速熟悉你和你的工作信息。采用工作照时应注意不要用多人合照，避免客户无法辨别。

3. 签名

用于工作的微信账号应简明扼要地介绍自己的工作信息，标明工作单位、工作性质、工作岗位、业务范围、联系方式等要素。

（二）添加微信过程中的礼仪

工作场合添加微信应坚持下位主动原则，如年幼者主动请求添加年长者微信，下级主动请求添加上级微信，经营方主动请求添加客户微信，新同事主动添加老同事微信等，坚持长幼有序、上下有别、客户为尊的原则。

主动添加他人微信时，应简要备注自己的身份以及添加微信的目的，若连续添加三次都未获通过，则不宜再添加。

主动添加他人微信成功后应主动打招呼问候，并简单介绍自己，说明添加目的，并请对方多多指教。

添加他人微信成功之后应立刻做好备注，避免因备注不及时在其后的聊天中出现冒犯对方的情况。

（三）发送和回复微信的礼仪

注意发微信的时间。工作事务应在工作时间发送，非工作时间不宜发送工作相关信息。如果有紧急工作事务需要非工作时间发送，务必加以说明并表达歉意。私人性质的微信也要注意不在对方可能休息的时间发送，如午夜、中午等时间段，紧急情况下也应加以说明和表达歉意。

工作性质的微信内容要用语礼貌、逻辑清晰、陈述简洁、排版美观。尽量一次性将事项陈述清楚，减少分段发送，保证事项要素齐全，与对方有关的内容尤其要准确陈述，以提高办事效率。

与工作上的客户、上级、同事交流一般不适合使用语音通话或者视频通话，如果特殊情况需要使用，应提前通过文字信息的形式征求对方意见，经对方同意后发起语音或者视频通话。

需要对方编辑的信息如邮寄地址、证件信息等，尽可能以文字形式发送，便于对方复制、粘贴。如果是非常重要的证件、银行卡、支票、文件则最好先发送文字信息，再附上截图或者照片，便于对方核对，同时规避责任风险。

转发文字、图片（包括聊天记录截图）、链接、音频、视频等内容应该附带转发意图或者个人看法，以示尊重，避免对方误读。

如果需要通过微信传递工作文件，务必提前征求对方意见，并等对方明确答复后再发送，避免对方因技术原因无法接收，也避免闲杂人员看到工作文件。

以文字形式发送微信信息是较为正式的交流方式，微信语音则相对随意，因此发送微信语音一般不适用于处理工作事务，避免对方因为繁忙、隐私等原因无法听取语音。

注意聊天时长，不宜聊天太久，夜间聊天注意不要过晚。

收到对方微信时应及时回复，如果因故未能及时回复，要适当说明理由并表达歉意。如收到对方工作上的请求，应及时回复自己的处理方式，暂时无法处理的应加以说明和表达歉意。

收到征求意见类的工作信息时，应按照对方要求或者请求，明确、清晰地回复自己的意见，对于只征求是与否的信息应该给出明确的是与否的答复，不宜做模棱两可的回答。如果需要进一步考虑，应及时告知对方自己的疑虑，并告知对方稍候答复。

收到对方语音信息时，如果不方便接听，应回复文字略加说明并表达歉意。

避免使用敷衍性的词汇回复对方，如“嗯”“好好好”“随便”“你觉得行就行”“无所谓”之类。

与他人交谈、参加会议过程中不宜查看手机消息。

第四章　创业者的接洽 礼赢客户

章节框架

- 创业者的接洽 礼赢客户
  - 拜访会面 热情有度
    - 问候的形式
    - 问候的顺序与内容
    - 问候的态度
    - 问候的要点
  - 得体介绍 讲究顺序
    - 自我介绍的礼仪
    - 他人介绍的礼仪
  - 会议位次 礼序示敬
    - 安排座席的礼仪
    - 位次的礼仪
    - 参加会议的礼仪
  - 人情往来 馈赠有意
    - 馈赠的基本要素
    - 送礼与收礼的礼仪
    - 特殊馈赠

第一节　拜访会面 热情有度

拜访会面，通常是指在较为正式的场合与他人相见。在日常工作中，我们需要会见各式各样的人，既要对对方热情、友好，又要讲究基本的礼节。称呼、问候、介绍等，当属人人须掌握的最基本的会面礼节。

拜访会面一般从问候与寒暄开始，必要的寒暄不仅是一种不可缺少的客套，还可以拉近双方的距离，为以后的深入交谈做情感上的铺垫。

问候，也称问好或者打招呼。一般而言，它是人们与他人相见时以语言向对方进行致意的一种方式，适用于人们见面之初或者交谈的导入阶段，主要为了向他人表达关切或者致以敬意。问候语虽然简短，却是人际关系发生、发展的起点，应给予必要的重视。接触他人时不主动问候对方，或者对对方的问候不予以回应，是十分失礼的行为。

一、问候的形式

问候的形式有日常的一般问候与特殊问候两种。

（一）日常问候

日常问候是亲朋好友之间互致的问候，主要有时间问候、场合问候两种。

（二）特殊问候

1. 节日问候

在节假日，向在远方的或不常见面的亲友以及关系较密切的商业客户表示问候，是联络感情最简便又有效的方式。

2. 喜庆时的问候与道贺

如亲友或商业客户有店铺开业、事业有成、乔迁新居等喜事，应向其表示祝贺并致问候。

3. 不幸时的问候与安慰

如亲友或商业客户遭遇事业受挫、家庭变故等不幸，应对其表示问候，给予安慰以及必要的帮助。

二、问候的顺序与内容

问候别人时，有先后顺序的讲究。越是正式的场合，越是要重视这一点。

（一）两人见面问候

两人见面时，双方均应主动问候对方。在正常情况下的做法是“位低者先行”，即双方之中处于地位较低的一方应当自觉地首先问候地位较高的一方。例如，男性先问候女性，晚辈先问候长辈，年轻人先问候老年人，下级先问候上级。

（二）与多人见面问候

当一个人与多人见面时，问候有两种具体方法：一是由尊而卑、由长而幼地进行，也可以由近而远地进行，依次问候对方；二是统一问候，不必具体到每个人，如说“各位好！”“大家好！”等。

（三）直接式问候

直截了当地以问好作为问候的主要内容。它适用于正式的人际交往，尤其是宾主双方初次相见的场合。

（四）间接式问候

指某些约定俗成的问候语，或者在当时条件下可以引起的话题，诸如，“忙什么呢”“您去哪里”，来替代直接式问好。它主要适用于非正式交往，尤其是经常见面的熟人之间。

三、问候的态度

问候是敬意的一种表现。当问候他人时，在具体态度上需要注意以下四点。

（一）主动

问候他人应该积极、主动。当他人首先问候自己之后，应立即予以回应。

（二）热情

在问候他人时，通常应表现得热情而友好。毫无表情或者表情冷漠都是应当避免的。

（三）自然

问候他人时必须表现得自然大方。矫揉造作、神态夸张或者扭扭捏捏，都不会给他人留下好印象。

（四）专注

问候时应当面含笑意并注视对方的眼睛，以示诚意。

四、问候的要点

问候的要点如下。

（一）态度真诚

日常的交谈要态度诚恳，这样才能使相互之间产生信任感，增进双方的了解与友谊。

（二）表情亲切

表情是人体语言最为丰富的部分，是人的喜、怒、哀、乐等情绪的流露。在日常问候与寒暄时应带着亲切的表情，用柔和的目光注视交谈对象。

（三）姿态优雅

在日常问候与寒暄时，必须保持优雅的姿态，以博得对方的好感。要将自己的身体正面朝着对方。站立时，抬头挺胸并收腹立腰，给对方以挺直的美感。

坐在椅子或沙发上时最好不要将身体坐得太满，上身端正挺直，手放在腿上或沙发扶手上，两腿并拢平列，女性可小腿交叉，以示尊重对方。问候与寒暄时不要不时地看手表。此外，不要做双臂交叉紧抱胸前、揉眼、搔头发、挖耳鼻、摆弄手指、跺脚、伸懒腰、打哈欠等失礼的动作。

（四）话题恰当

寒暄时应观察对方的表情、体姿，以判断其对谈话的关注程度，并经常征询对方的意见，给予对方表达的机会。寒暄忌讳问隐私，如对女士不问年龄、婚否、服饰价格等，对男士不问钱财、收入等。

第二节　得体介绍 讲究顺序

介绍是人际交往中与他人进行沟通、增进了解、建立联系的一种最基本的方式。日常交往中的介绍基本有两种，即为他人介绍和自我介绍。介绍能使素不相识的人彼此认识，产生兴趣，找到共同的话题，搭起交往的桥梁；介绍既能缩短人与人之间的距离，又能扩大人们的社交范围。

一、自我介绍的礼仪

自我介绍，就是在必要的场合把自己介绍给其他人，以使对方认识自己。恰当的自我介绍不但能增进他人对自己的了解，而且还可以创造出意料之外的商机。

（一）自我介绍的类型

根据介绍人的不同，自我介绍可以分为主动型自我介绍和被动型自我介绍两种类型。

商务活动中，欲结识某个人或无人引见的情况下，可自己充当自己的介绍人，将自己介绍给对方。这种自我介绍叫作主动型自我介绍。

应他人要求，将自己某方面的具体情况进行一番自我介绍。这种自我介绍叫作被动型自我介绍。

（二）自我介绍的机会

一是本人希望结识他人，如在商务场合与不相识者相处或打算介入陌生人组成的交际圈时；二是他人希望结识本人，即商务场合有陌生人表现出对自己感兴趣或他人请求自己做自我介绍时；三是有必要使他人了解或认识自己，如参加招标、招考、应聘求职或到新单位报到等。碰到这些情况，都要进行自我介绍。

在商务场合，遇到下列情况时，自我介绍就是很有必要的：

第一，与不相识者相处一室。

第二，不相识者对自己很有兴趣。

第三，他人请求自己做自我介绍。

第四，在聚会上与身边的陌生人共处。

第五，求助的对象对自己不甚了解，或一无所知。

第六，打算介入陌生人组成的交际圈。

第七，前往陌生单位，进行业务联系时。

第八，在旅途中与他人不期而遇而又有必要与人接触。

第九，初次登门拜访不相识的人。

第十，遇到秘书挡驾，或是请不相识者转告。

第十一，初次利用大众传媒，如报纸、杂志、广播、电视、电影、标语、传单，向社会公众进行自我推介、自我宣传。

第十二，利用社交媒介，如信函、电话、电报、传真、电子信函，与其他不相识者进行联络。

（三）自我介绍的方式

不同场合、环境的自我介绍方式如下。

1. 应酬式

应酬式自我介绍是最简洁的一种方式，往往只介绍姓名一项即可。如“您好！我叫张克。”它适合于一些公共场合和一般性的社交场合，如途中邂逅、宴会现场、舞会、通电话时。对象主要是一般接触的交往人。

2. 工作式

工作式自我介绍的内容包括本人姓名、供职的单位以及部门、担负职务或从事的具体工作等三项。如：“我叫唐果，是正清广告公司的公关部经理。”

3. 交流式

交流式自我介绍也叫社交式自我介绍或沟通式自我介绍，是一种刻意寻求交往对象进一步交流，希望对方认识自己、了解自己、与自己建立联系的自我介绍。如：“我叫王光，是里润公司副总裁。10 年前，我和您先生是大学同学。”

4. 礼仪式

礼仪式自我介绍是一种表示对交往对象友好、敬意的自我介绍，适用于办讲座、作报告、演出、举行庆典仪式等正规的场合，介绍内容包括姓名、单位、职务等项。自我介绍时，还应多加入一些适当的谦辞、敬语，以示自己尊敬交往对象。如：“女士们、先生们，大家好！我叫宋玉，是精英文化公司的总经理。值此之际，谨代表本公司热烈欢迎各位来宾莅临指导，谢谢大家的支持。”

5. 问答式

问答式自我介绍是指针对对方提出的问题，做出自己的回答。这种方式适用于应试、应聘和公务交往。如对方发问：“这位先生贵姓?”回答：“免贵姓张，弓长张。”

（四）自我介绍的注意事项

1. 内容真实，详略得当

介绍自己时所具体表述的各项内容，首先应当实事求是，真实无欺。介绍自己时，既没有必要自吹自擂、吹牛撒谎，也没有必要过分自谦、遮遮掩掩。

2. 形式标准，方式灵活多样

自我介绍的形式应符合标准要求，如公务型的自我介绍内容通常由本人单位、部门、职务、姓名等项构成。

3. 态度从容、自信

进行自我介绍，要做到从容、自信。首先，要有一个良好的面部表情和姿态。微笑要自然、亲切，眼神要和善，态度要恭谨有礼。其次，要充满自信。

4. 把握介绍的时机与时间

在介绍自己时，要有意识地抓住重点，言简意赅，努力节省时间。一般而言，介绍自己所用的时间以半分钟左右为佳。

二、他人介绍的礼仪

他人介绍，又称第三者介绍，是经第三者为彼此不相识的双方引见、介绍的一种交际方式。做介绍的人，一般是主人、双方的朋友或公关人员等。

（一）介绍的原则

根据礼仪规范，在处理为他人做介绍的问题上，必须遵守“尊者优先了解情况”的规则。先要确定双方地位的尊卑，即要具体分析一下被介绍双方的身份的高低，应首先介绍身份低者，然后介绍身份高者，采取“尊者居后”的介绍方式。应掌握的介绍顺序原则如下。

1. 地位顺序原则

介绍不同地位的人，应先把地位低的人介绍给地位高的人。

2. 辈分顺序原则

介绍不同辈分的人，应先把晚辈介绍给长辈。

3. 性别顺序原则

介绍不同性别的人，应先把男士介绍给女士。

4. 亲疏顺序原则

应先把与自己关系密切的家人（即使是地位显赫者）、要好的朋友等，介绍给客人或关系一般的人。

（二）介绍的细节

在介绍他人时，介绍者与被介绍者都要注意以下细节：

第一，介绍者为被介绍者做介绍之前，要先征求被介绍者双方的意见。

第二，被介绍者在介绍者询问自己是否有意认识某人时，一般应欣然表示接受。如果实在不愿意，应向介绍者说明缘由，取得谅解。

第三，当介绍者走上前来为被介绍者进行介绍时，被介绍者双方均应起身站立，面带微笑，大大方方地目视介绍者或者对方，态度要诚恳。

第四，介绍者介绍完毕，被介绍者双方应依照合乎礼仪的顺序握手，并且使用“您好”“很高兴认识您”“幸会”等语句问候对方。

（三）介绍的顺序

根据“尊者优先了解情况”的规则，为他人做介绍时的礼仪顺序大致有以下八种：

第一，介绍上级与下级认识时，应先介绍下级，后介绍上级。

第二，介绍长辈与晚辈认识时，应先介绍晚辈，后介绍长辈。

第三，介绍年长者与年幼者认识时，应先介绍年幼者，后介绍年长者。

第四，介绍女士与男士认识时，应先介绍男士，后介绍女士。

第五，介绍已婚者与未婚者认识时，应先介绍未婚者，后介绍已婚者。

第六，介绍同事、朋友与家人认识时，应先介绍家人，后介绍同事、朋友。

第七，介绍来宾与主人认识时，应先介绍主人，后介绍来宾。

第八，介绍先到者与后来者认识时，应先介绍后来者，后介绍先到者。

（四）介绍的方式

根据实际需用的不同，为他人做介绍时的方式也不尽相同。

1. 一般式

一般式也称标准式，以介绍双方的姓名、单位、职务等为主，适用于正式场合。

2. 简单式

简单式是指只介绍双方姓名一项，甚至只提到双方姓氏。

3. 附加式

附加式用于强调其中一位被介绍者与介绍者之间的关系，希望引起另一位被介绍者的重视。如："大家好！这位是飞跃公司的业务主管杨先生，这是小儿刘放，请各位多多关照。"

4. 引见式

采取引见式时，介绍者所要做的是将被介绍者双方引到一起，适用于普通场合。

5. 推荐式

推荐式常用于介绍者经过精心准备，将某人举荐给他人的场合，介绍者通常会对前者的优点加以重点介绍。该方式适用于比较正规的场合。如："这位是阳远先生，这位是海天公司的赵海天董事长。阳先生是经济学博士，管理学专家。赵总，我想您一定有兴趣和他聊聊吧。"

6. 礼仪式

礼仪式是一种最为正规的他人介绍方式，适用于正式场合。其语气、表达、称呼上都更为规范和谦恭。如："孙小姐，您好！请允许我把北京远方公司的执行总裁李力先生介绍给您。李先生，这位就是广东润发集团的人力资源经理孙晓小姐。"

（五）集体介绍

集体介绍实际上是介绍他人的一种特殊情况，它用于被介绍的一方或者双方不止一人的情况。介绍集体时，被介绍双方的先后顺序依旧至关重要。具体来说，集体介绍可分为两种基本形式。

1. 单向式

当被介绍的一方为一人、另一方是由多人组成的集体时，一般只把个人介绍给集体，而不必再向个人介绍集体。

2. 双向式

当被介绍的双方皆为一个由多人所组成的集体时，采取双向式介绍方式。在具体进行介绍时，双方的全体人员均应被正式介绍。在公务交往中，此种情况比较多见的常规做法是，由主方负责人首先出面，依照主方在场者具体职务的高低，自高而低地依次进行介绍；再由客方负责人出面，依照客方在场者具体职务的高低，自高而低地依次进行介绍。

第三节　会议位次 礼序示敬

精心布置的会客室犹如企业形象的一扇窗口，能够起到宣传的作用。稍具规模的企业都会准备一间专门的会客室接待来访者，以示正规和礼遇。举行正式会议时，通常应事先排定与会者尤其是其中重要身份者的具体座次。

企业召开的会议一般有两种：一是企业内部召开的会议，企业内部的会议应尽量俭朴，讲究效率，不拘形式。二是由上级单位召开、本企业承办的会议。如果是请上级领导参加的表彰会、庆祝大会，出于对领导的尊重和对外宣传的需要，可将会议办得隆重些。上级单位主持召开的会议，因邀请各企业代表参加，所以会议规模大、规格高，为了完成高规格的会议接待工作，通常由企业的一位主要领导直接负责会议筹备工作，专门研究布置会议的各项具体工作，明确各接待人员的职责。

一、安排座席的礼仪

（一）座次类型

会议按座次类型主要分为圆桌型、长桌型、方桌型和教室型。

1. 圆桌型

圆桌型会议用圆桌或椭圆形桌为会议桌。这种布置使与会者同领导一起围坐，与会者能清楚地看到其他人的目光、表情，有利于相互交换意见。这种形式较适合 10～20 人左右的会议。主人和来宾应相对而坐，来宾席应安排在朝南或朝门口的方向（见图 4－1）。

图 4－1　圆桌型

2. 长桌型

长桌型会议的座席安排突出了与会者的身份，表现出最高领导者的权威性（见图 4－2）。

图 4－2　长桌型

3. 方桌型

方桌型会议的座席安排体现了主人与客人平等相处。

4. 教室型

教室型会议是最常采用的会议形式，主席台与听众相对，主席台的座次按人员的职务、社会地位排列。主席台的座位以第一排中间为上。这种形式较适合于与会人数较多，不需讨论、交流意见，只以传达指示为目的的大型会议。

（二）座次安排方式

座次安排方式如下。

1. 相对式

采取相对式时，宾主双方面对面而坐。这种方式显得主次分明，多适用于公务性会客。

2. 并列式

采取并列式时，宾主双方并排就座，以暗示双方“平起平坐”，地位相仿，关系密切。

3. 居中式

居中式是指当多人并排就座时，讲究“居中为上”，即应以居于中央的位置为上座，请客人就座；以其两侧的位置为下座，由主方人员就座。

4. 主席式

主席式主要适用于由主人一方同时接待两方或两方以上的客人的正式场合。

5. 自由式

自由式是指会见时有关各方均不分主次，不讲位次，而是一律自由择座。

二、位次的礼仪

在实际操办会议时，基本座次排列遵循“面门为上、居中为上、以右为上、前排为上、以远为上”的原则。由于会议的具体规模各有不同，因此，具体的座次排定存在一定的差异。

（一）小型会议

小型会议，一般指参加者较少、规模不大的会议。它的主要特征是全体与会者均应排座，不设立专用的主席台。小型会议的排座，目前主要有以下三种具体形式。

1. 自由择座

自由择座是指不安排固定的具体座次，而由全体与会者完全自由地选择座位就座。

2. 面门为尊设座

面门为尊设座是指以面对会议室正门之位为会议主席之座，体现尊重。其他与会者可在其两侧自左而右地依次就座。如图 4－3 中①号位为上座。

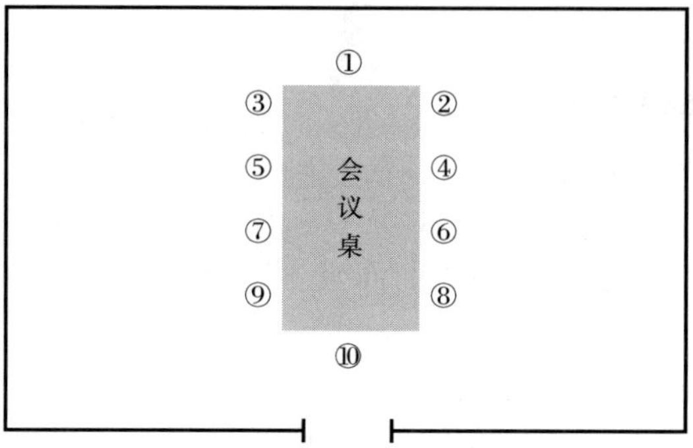

图 4－3　面门为尊设座

3. 依景设座

依景设座，是指会议主席的具体位置不必面对会议室正门，而是依托会议室之内的主要景致设置，如字画、讲台等。如图 4－4 所示，A 座为主席座。

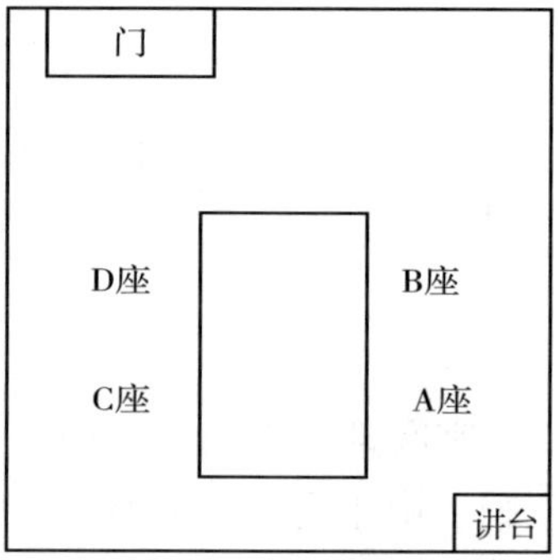

图 4－4　依景设座

（二）大型会议

大型会议，一般是指与会者众多、规模较大的会议。它的最大特点是会场上应分设主席台与群众席。前者必须认真排座，后者的座次则可排可不排。

1. 主席台排座

大型会场的主席台，一般应面对会场主入口。在主席台上就座的人，通常应当与在群众席上就座的人呈面对面之势。在主席台每位成员的桌上，均应放置双向的标注有其姓名的桌牌。

主席台排座，具体涉及主席团排座、主持人座席、发言者席位等三个不同方面的问题。

（1）主席团排座

主席团，是指在主席台上正式就座的全体人员。国内目前排定主席团位次的基本规则有三个：一是前排高于后排；二是中央高于两侧；三是左侧高于右侧。如图4－5和图4－6所示，主席团座次的①～⑩代表了主席团成员地位的由高到低。

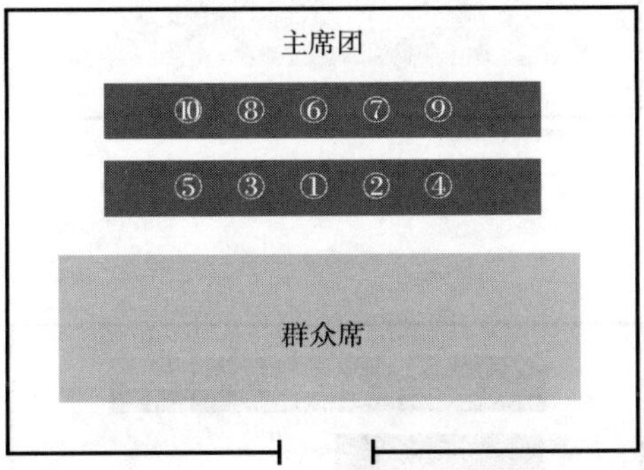

图4－5　主席团座次方式一

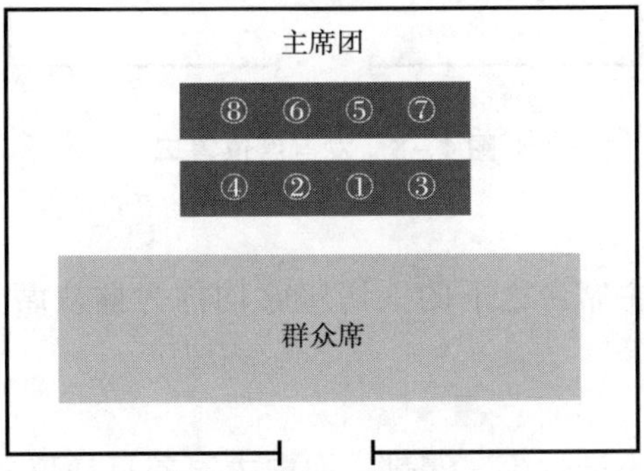

图4－6　主席团座次方式二

（2）主持人排座

会议主持人，又称大会主席。其具体位置有三种方式可供选择：一是居于前排正中央；二是居于前排的两侧；三是按其具体身份排座，但其座席不宜安排在后面。

（3）发言者排座

发言者席位，又叫作发言席。在正式会议上，发言者应在发言席发言。发言席的常规位置有两个：一是主席团的正前方（见图4－7）；二是主席台的右前方（见图4－8）。

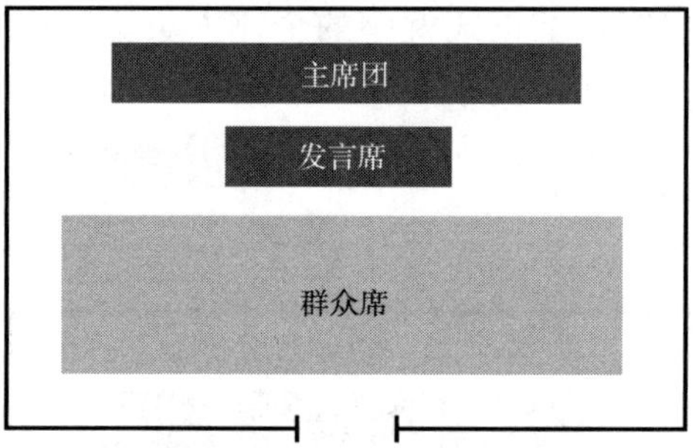

图4－7　发言席位置一

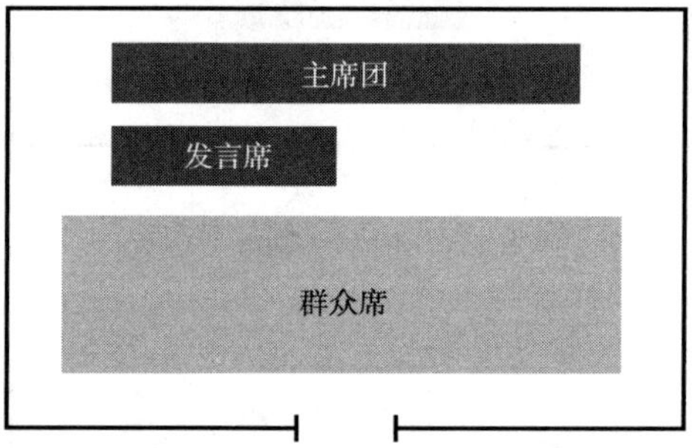

图4－8　发言席位置二

2. 群众席排座

在大型会议上，主席台之下的一切座席均称为群众席。群众席的具体排座方式有两种。

（1）自由式排座

自由式排座是指不进行统一安排，而由大家各自择位而坐。

（2）按单位排座

它指的是与会者在群众席上按单位、部门或者地位、行业就座。具体排座依据既可以是与会单位、部门的汉字笔画的多少，汉语拼音字母的前后，也可以是其平时约定俗成的序列。按单位就座时，若分为前排后排，一般以前排为高，以后排为低；若分为不同楼层，则楼层越高，排序便越低。

在同一楼层排座时，又有两种普遍通行的方式：
第一，以面对主席台为基准，自前往后进行横排（见图4－9）。
第二，以面对主席台为基准，自左而右进行竖排（见图4－10）。

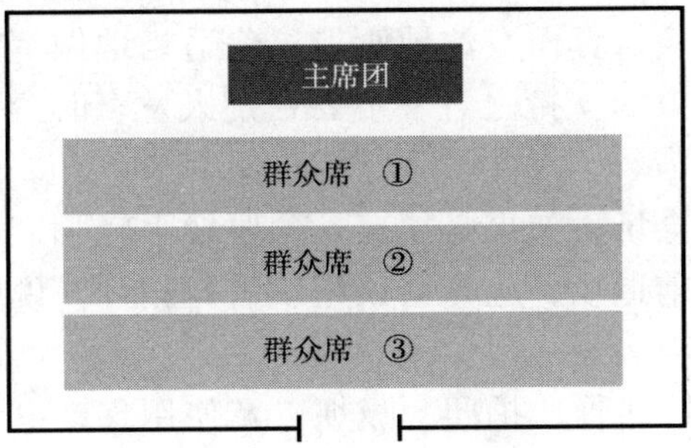

图4－9　群众席排座方式一

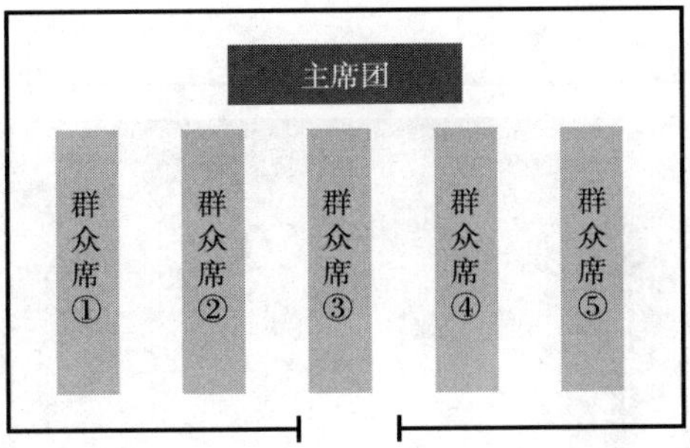

图4－10　群众席排座方式二

三、参加会议的礼仪

参加大、中型会议应穿着整洁，严格遵守会议时间的有关规定，准时到会，服从会议组织人员的安排，讲究礼节。

主席台上的人应按要求就座，姿态端正，不要交头接耳，不要擅自离席。当听众鼓掌时也要微笑鼓掌。

在发言席发言的人，仪态要落落大方，掌握好语速、音量。注意观众反应，发言完毕应向全体与会者表示感谢。

与会者即使对发言人的意见不满，也不可吹口哨、喝倒彩、喧哗起哄，因为这些行为极其失礼。

会议如有限时发言，不仅要限定发言人数，还应规定其所用时间的长短。

规定的会议结束时间一到，如没有特殊原因，即应宣布散会。

出席正式会议时，应在指定之处就座。未获许可时，不要自由择座、争座抢座。

会场的安静是会议顺利进行的基本条件。最好在开会前主动关机或将其置于振动、静音状态；如接到来电，应到不妨碍他人的地方接听。

当他人发言时，应认真而专注地听取。除适当地做笔记外，应在必要时以点头、掌声表达对对方的支持之意。不要在别人发言时说话、随意走动、打哈欠等，这是失礼的行为。

会中尽量不离开会场，如果必须离开，要轻手轻脚，尽量不影响发言者和其他与会者。如果提前退场，应与会议组织者打招呼，说明理由，征得同意后再离开。

对有关禁止录音、录像、拍照、吸烟以及使用移动电话等具体规定，应认真予以遵守。

第四节　人情往来 馈赠有意

馈赠，即赠送礼品。它是人际交往中的一种表达祝贺、敬重、感激和怜爱之情的常用形式，也是中国人的一种传统礼仪。

馈赠是商务活动中不可缺少的交往内容。随着交际活动的日益频繁，馈赠礼品因为能起到联络感情、加深友谊、促进交往的作用，越来越受到人们的重视。所以，馈赠活动对礼节的要求也不断提高。

在社会交往中，适时、适度地给亲友送上一些礼品，可以起到联络感情、增进友谊的作用。但何时送礼、送什么礼、怎么送礼，都大有讲究。因此，必须掌握馈赠的有关礼仪规范。

一、馈赠的基本要素

（一）馈赠的时机

在很多情况下，都可以把握时机，给有关的对象送上一份礼品，以表达庆祝、慰问与酬谢之情。

1. 传统节日

我国传统的春节、端午节、中秋节、重阳节，西方的圣诞节、情人节、母亲节等，都是馈赠礼品的好时机。

2. 表达祝贺

晋升、获奖、开业庆典、厂庆、结婚、乔迁新居等日子，应考虑赠送花篮、牌匾或室内装饰品等礼品以示庆贺。

3. 探视病人

去医院或亲友家中探视病人时，可准备花束、营养品等。

4. 亲友远行

当亲朋好友要远离家乡到外地求学、工作时，可赠送一份礼物，如图书、衣物等。

5. 酬谢他人

如自己在他人的支持帮助下克服了工作或生活上的困难，事后可送些礼品表示感恩。

6. 拜访做客

到别人家登门拜访或应邀到亲友家中做客时，可携带一些礼品。

（二）馈赠的目的

馈赠的目的在于增进感情，加深友谊。所以，它不仅是一种物质的赠予，更重要的是表达了赠礼人特有的心意。

1. 为了交际

礼品的选择，要使礼品能反映馈赠者的寓意和思想感情，并使寓意和思想感情与送礼者的形象有机地结合起来。

2. 为了巩固和维系人际关系

人情礼强调礼尚往来，以“来而不往非礼也”为基本准则。因此礼品的种类、价值的大小、档次的高低、包装的式样、蕴含的情义等方面都呈现多样性和复杂性。

3. 为了酬谢

这类馈赠是为答谢他人的帮助而进行的，因此在礼品的选择上十分强调其物质价值。礼品的贵贱厚薄，取决于他人帮助的性质。

（三）礼品的选择

物品的类型有实用型、摆设型、浪漫型、留言型、奢侈型、代币型。选择礼品时，要符合对方身份，要有寓意。例如，对于老年人，可送些有益于他们身心健康的营养品和保健用品；对于小孩，则可送些有利于开发智力的玩具、图书及学习用品；对于恋人，礼品的意义在于寄托在礼品上的相思与相知。选择礼物的要点如下。

1. 投其所好

要有针对性地精心挑选合适的礼品，如厂庆可送花篮，逢节可送贺卡等。选择礼品时投其所好可显示自己的真诚：对家贫者多选择实用性的礼品，如食品、衣服等；对富裕者选择艺术欣赏价值较高并具有思想性的礼品；对朋友以趣味性礼品为佳；对外宾以民族特色礼品（中国刺绣、丝绸、陶瓷）为佳；等等。

2. 轻重适宜

礼品要兼顾心意与价格，以对方能够愉快接受赠礼为宜。钢笔、台历、袖珍计算器、钟表、酒类、玻璃杯、衬衣等是常见的商务赠品。

3. 注意包装

精美的包装不仅使礼品的外观更具艺术性，还能显示出赠礼人的文化艺术品位。礼品上的价格标签要尽早清除干净，但如果礼品是有保修期的“大物件”，如家用电器、电脑等，可以在赠送礼品的时候把发票和保修单一起奉上，以便将来受礼人能够享受三包服务或方便其转手处理。

4. 考虑场合

祝贺庆典活动，可选择书画或题词作为赠品，既高雅又有保存价值。祝贺公司开业，可选择鲜花花篮并写上祝贺之语作为赠礼。祝贺生日，可选择蛋糕、书籍、工艺品作为赠礼。探视病人，则应选择实惠的礼品，如营养品、果篮、鲜花等。

5. 规避禁忌

送礼前应了解受礼人的地方风俗、民族禁忌和个人禁忌等。例如，不能送广东人和香港人梅花、茉莉，因其音与“霉”“没利”相似，可送金橘、桃花，因其寓意“吉”和“红火”。不能给老人送钟，不能给新婚夫妻送梨、送伞，对文化素养高的知识分子不能送书画赝品等。

6. 注意文化差异

在涉外交往中，要尊重和了解不同国家和民族文化中的特殊禁忌。宗教禁忌方面，在中东地区，不送酒或猪肉制品；在印度，不送牛皮制造的礼品。数字禁忌方面，中国人喜欢好事成双，送礼送偶数，但西方人都推崇奇数“3”。韩国人、日本人忌讳“9”和“4”，送礼不能送4件东西或带“9”的礼品；西方人认为“13”是不吉利的数字，如果13日是星期五，一般不举行宴请活动。颜色禁忌方面，德国人忌穿茶色、黑色和深蓝色衬衫，法国人忌墨绿色，埃及人视蓝色为邪恶，日本人忌绿色和粉红色。

二、送礼与收礼的礼仪

（一）送礼的礼仪

1. 时机要恰当

中国人很讲究“雪中送炭”，即十分注意送礼的时效性。生日、婚礼宴请、探病、新年以及其他节日都要及时或提前赠礼。

一般赠礼都在相见、道别或相应的仪式上，当面赠送是常见也是最有效的赠礼方式。如果向多人赠送礼品，最好先长辈后晚辈，先女士后男士，先上司后下级，按照次序有条不紊地进行。

2. 包装要精美

赠送他人礼品尤其是正式场合赠送的礼品，一般都应认真包装。精美的包装不仅使礼品的外观更具艺术性，还能显示出赠礼人的艺术品位。

3. 方式要得当

赠礼方式大致有当面赠送、邮寄赠送和托人赠送三种。托人赠送时，可在纸上亲笔书写问候、祝贺或纪念的语句，随礼物一同赠送。邮寄礼品一般要附上一份礼笺，写明赠礼缘由和一些祝福的话语等。

4. 举止要大方

送礼时，送礼者要神态自然、举止大方地走向受礼者，双手将礼品递给对方，要尽量放在对方的手里，如果礼物过大，可请他人帮助，但赠送者本人最好积极参与进来，并向对方说明一下。

（二）收礼的礼仪

接受礼物时，不管礼品是否符合自己的心意，都应双手捧接，表示感谢。同时可赞美礼品的精致优雅或实用，夸奖送礼者的周到和细致。接受礼品后可视具体情况拆开或只看外包装，还可请送礼人介绍礼品功能、特性和使用方法，以示对礼品的喜爱和接受。

接受他人的馈赠后在适当的时机和场合应当有回礼，礼尚往来的商务馈赠活动有利于双方的情感交流、信息沟通，并可带来更多的合作机会。可以在赠礼者临走时回赠礼品，也可以在接受礼物之后隔一段时间登门回拜，顺便赠送适宜的礼物以表谢意。一般情况下最好不要拒收回礼，否则会让赠礼人有失面子。但如果礼物价格超过公司规定或按照纪律不宜收受礼品，则应婉言谢绝。

三、特殊馈赠

（一）去医院探望病人时

探视病人之前，对病人的病情应有所了解。这样做的目的在于：一是可尽量避免探视时言语不慎而冒犯病人；二是便于探视时携带合适的礼物。馈赠礼物要看对象，对病因与过敏有关的病人，如哮喘病人等，不宜送鲜花；对需要住院较长时间的病人，可以送些书及杂志供消遣之用；适于病人食用的水果和营养品不失为好礼物。

（二）吊唁参加葬礼时

现代追悼逝者一般采用追悼会或遗体告别的形式。当接到讣告后，应亲自前往参加，以表示对死者的悼念，并向死者亲属表示慰问。因有特殊情况不能前往，应给死者亲属致唁电或唁函。前往吊唁或参加追悼会、遗体告别仪式时，应“素面”，即不化妆，不穿颜色艳丽的服装，一般宜穿深色衣服，佩戴黑纱或白花，同时表情要严肃。依据不同的风俗，赠送花篮以及相关的风俗物品。

（三）鲜花馈赠

花卉因其鲜艳的色彩、婀娜多姿的形态而深受人们的喜爱，并已成现代人美好而浪漫的交际生活的重要部分。将鲜花作为馈赠的礼品，显得高雅而富有情趣。自古以来，花就被认为是爱的语言。恋爱、新婚等最喜欢选择送花。人们离别重逢、生日、校庆、厂庆等，往往也以花为礼，表明心意。赠花是一门很微妙的艺术，什么时候送什么花，什么场合选什么花，什么人喜欢什么花，都需要根据具体情况而精心安排。

1. 花中有“话”

自古以来，人们根据花卉的性格和艺术形象，创造了花的语言，赋予了花特别的寓意。不同的花有着不同的寓意，送花前一定要对花语有所了解。如粉色康乃馨是专门送给母亲的，但如果送给未婚女性作为礼物，便会使受礼者哭笑不得。花的寓意具体见表 4－1。

表 4－1　各类花的寓意

种类	寓意	种类	寓意
牡丹	雍容华贵	一品红	普天同庆
蜡梅	坚贞不屈	银芽柳	希望光明

续表

种类	寓意	种类	寓意
郁金香	爱的表白	剑兰	步步高
银杏	古老文明	天堂鸟	自由吉祥
水仙	清纯自尊	勿忘我	永世不忘
万年青	友谊长存	荷花	纯洁
百合	百年好合	金橘	招财进宝
常春藤	友情，忠诚的爱	杨柳	依依不舍
非洲菊	有毅力，不怕困难	紫罗兰	青春永驻
菊花	高洁，长寿	秋海棠	诚挚的友谊
红掌	红运当头	满天星	真心欢喜
马蹄莲	永结同心	文心兰	隐藏的爱
兰花	友谊，喜悦	桂花	吉祥美好
富贵竹	吉祥富贵	大丽花	大吉大利

2. “花礼有数”

不同的花朵数量代表不同的含义，具体见表4－2。

表4－2　花朵数量的含义

数量	含义	数量	含义	数量	含义
1朵	你是我的唯一	16朵	成长的喜悦	66朵	细水长流
2朵	你侬我侬	17朵	钟情	77朵	相逢自是有缘
3朵	我爱你	19朵	一生守候	88朵	用心弥补一切的错
4朵	山盟海誓	20朵	两情相悦	99朵	天长地久
5朵	无怨无悔	22朵	双双对对，生生世世	100朵	白头偕老
6朵	顺利	24朵	思念	101朵	无尽的爱
7朵	喜相逢	25朵	没有猜忌	108朵	求婚
8朵	弥补	26朵	我的心属于你	111朵	一生的爱
9朵	天长地久	30朵	不需言语的爱	123朵	爱情自由
10朵	完美的你	33朵	深情呼唤我爱你	144朵	爱情生生世世
11朵	最爱，一心一意	36朵	浪漫心情全因为有你	365朵	天天爱你
12朵	圆满	44朵	亘古不变的誓言	999朵	长长久久，亘古不变
13朵	暗恋	50朵	这是无悔的爱	1001朵	直到永远
15朵	守住你的人	56朵	吾爱		

3. “花色有别”

同种花的不同颜色也有不同的寓意。如红玫瑰象征真实热烈的爱，粉玫瑰表示初恋和温馨的爱，黄玫瑰表示道歉，白玫瑰象征纯洁无瑕或尊敬之意，而黑玫瑰表示独特专一。按照我国传统文化，凡花色为红、橙、黄、紫的暖色花和花名中含有喜庆吉祥字样的花，可用于喜庆事宜，而白、黑、蓝等颜色偏冷的花，大多用于伤感事宜。因此在通常情况下，喜庆节日送花要注意选择艳丽多彩、热情奔放的，致哀悼念时应选淡雅肃穆的，探视病人要注意挑选悦目恬静的。母亲节送红色康乃馨，表示祝母亲健康长寿；送黄色康乃馨，表达对母亲的感激之情；送粉色康乃馨，表示祝母亲永远年轻；送几种颜色组成的康乃馨，表达对母亲热烈的爱。如果要表达对亡母的怀念之情，则选择白色康乃馨。

4. 花礼禁忌

不同的国家和民族对花存在着不同的忌讳。荷花在日本被认为是不吉祥之物，意味着祭奠，而在印度却最受珍爱。瑞典与埃及对莲花也十分喜爱。印度忌讳送百合花，在巴西白色百合花绝不可作为礼物相送，因为该花主要是用于悼念死者的。英国则视百合花为死亡的象征。

菊花在欧美大多数国家都被当作“丧葬之花”，在拉丁美洲一些国家还被看成“妖花”，他们以菊花祭灵，室内不摆菊花，更不将菊花作为礼花送人。但在日本，菊花则是皇室的标志，瑞典人则深爱白菊鲜花。玫瑰花在英国、美国、伊朗等国都被喜爱，奉若国花。但在法国，玫瑰花却不宜随意送人。意大利、德国等也认为玫瑰为示爱之花，不宜随意送人。

郁金香花在荷兰、匈牙利、土耳其等国被认为是最美的鲜花，而在德国喜郁金香者极少。蔷薇花在德国专作悼亡之用，而在伊朗却广受喜爱。黄色的花在法国被视为不忠诚，在墨西哥却意味着死亡。日本对淡黄色的花也极不欢迎。绛紫色的花在巴西是用于葬礼的。红色的花在墨西哥意味会给他人带来晦气。

在国际交际场合，忌用菊花、杜鹃花、山竹花、纸绢花、塑料花等献给客人，但尼泊尔却将杜鹃花视为国花，称为“高山玫瑰”，对其十分钟爱。

第五章　创业者的沟通 言之有道

章节框架

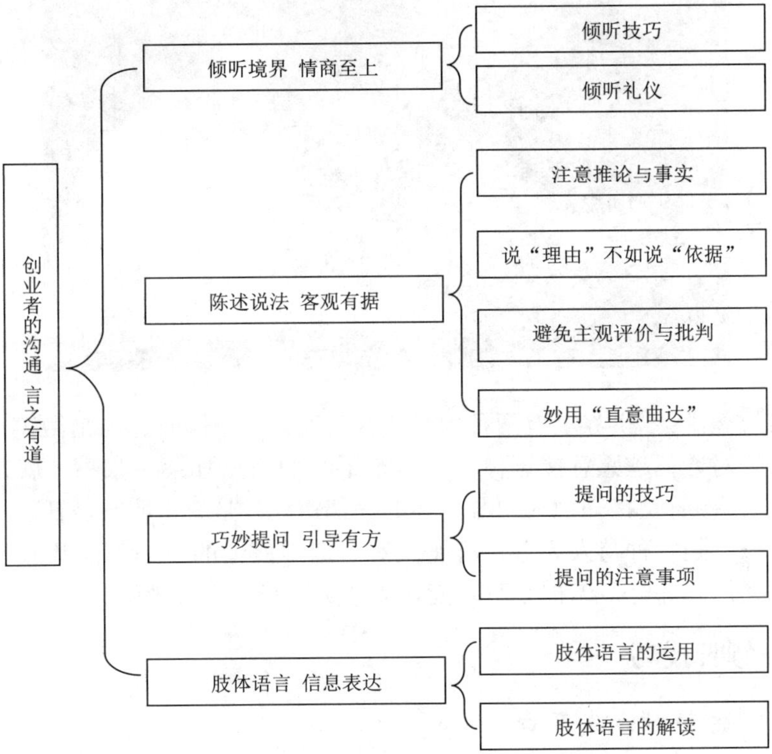

沟通就是发送者与接收者之间为了一定目的，运用一定符号所进行的信息传递与交流的过程。沟通过程涉及沟通主体（发送者和接收者）和沟通客体（信息）的关系及信息发送者为影响接收者而使用的语言或非语言的行为。沟通渗透于人们的一切活动之中，且是各种技能中最富有人性化的一种技能。在创业过程中，创业者与客户洽谈、商讨、谈判，或者和团队成员交流互动等，都需要沟通有法。

第一节　倾听境界 情商至上

乔吉拉德说："世界上有两种力量非常强大，一是倾听，二是微笑，你倾听对方越久，对方就越愿意接近你，上帝给了我们两只耳朵一张嘴，就是让我们多听少说。"倾听是探知他人内心世界的一把钥匙，是获得朋友信任、拓展人脉的一种手段，是一种与人为善、心平气和、谦虚谨慎的姿态，能让我们接触到更真实的话语。那么，怎样倾听才能让沟通更顺畅、更高效呢？

一、倾听技巧

（一）鼓励对方先开口

首先，倾听是一种礼貌，愿意倾听别人说话表示我们乐于接受别人的观点和看法，这会让说话者有一种备受尊重的感觉，有助于我们建立和谐、融洽的人际关系。其次，鼓励对方先开口可以有效降低交谈中的竞争意味，因为倾听可以培养开放融洽的沟通气氛，有助于双方友好地交换意见。最后，鼓励对方先开口说出他的看法，我们就有机会在表达自己的意见之前，掌握双方意见一致之处。这样一来，就可以使对方更愿意接纳我们的意见，从而使沟通变得更顺畅。

（二）营造轻松、舒畅的氛围

在紧张、拘束的沟通气氛中，谁都不愿意把自己的真实心声说出来，也就自然谈不上倾听。倾听需要营造一个轻松、舒适的环境，这样，说话者才能放松心情，把内心的真实想法、困扰、烦恼等毫无顾虑地说出来。因此，在与人交谈时，最好选择一个安静的场所，不要有噪音的干扰。如果有必要，最好将手机关掉，以免干扰谈话。

（三）控制自己的情绪

交谈过程中，可能会涉及一些与自身利益有关的问题，这时要切记，对方才是交谈的主角，即使你有不同观点或很强烈的情绪体验，也不要随便表达出来，更不要与对方发生争执，否则很可能会引入很多无关的细节，从而冲淡交谈的真正主题或导致交谈中断。

（四）语言输出适度

尽量把要说的话减到最少，因为说话和倾听是不能同时进行的。如要发起讨论，要简要说明主要论点，避免对论点做详细论述和批判。

（五）换位思考、镜面角度

韩非子在《说难》中写道："凡说之难，在知所说之心。"在现实社会，随着人们日常交往的日益频繁，摩擦、矛盾也会随之增多，很多人只强调他人对自己应该承认、理解、接受和尊重，却忽视对等地去理解和尊重他人；只注意自己目的的实现，却无视他人的利益和要求。有效地倾听要做到设身处地，即站在说话者的立场和角度看问题，努力领会对方所要传达的情绪与感受。有时候，说话者不一定会直接把他的真实情感告诉我们，这就需要我们从他的说话内容、语调或肢体语言中获得线索。如果无法准确判断他的情感，也可以直接问："那么你感觉如何？"询问对方的情感体验不但可以更明确地把握对方的情绪，也容易引发更多的相关话题，避免冷场。当我们真正理解了对方的情绪后，应该对对方给予肯定和认同，如说"那的确很让人生气""真是太不应该了"等，将心比心，以诚换诚，让对方感觉我们能够体会他的感受，这样才能达到心灵的沟通和情感的共鸣。

（六）控制好肢体语言的信号

倾听时要面向对方，将注意力集中于对方的面部，这能让对方相信你在聆听（见图5－1）。如果在对方说话时我们的眼睛盯着别处，对方就会认为我们对他的谈话不感兴趣，从而打击他谈话的积极性。

（七）学会尊重别人表达的权利

对听到的信息，在事实清楚、证据确凿之前，不要立即下判断，如果不在我们的认知范围内，要给予别人表达观点的权利，不能质疑、否定、猜测。无论自己是否同意对方的意见和观点，都要学会尊重对方，同时将自己的观点更有效地与对方进行交换。

图 5－1　倾听示例

二、倾听礼仪

倾听时要面向对方，身体也要朝向对方。座位的远近在心理学上反映了关系的亲疏差距。

倾听时要坐姿端庄，身体挺直，略微前倾。

倾听时切忌挠头、抖腿、后仰等不雅举止。

倾听时忌表现出一副不耐烦的举动，例如不时地看手机或看手表。

聆听时要专心致志，与谈话人保持目光接触。

多人交谈时，不要私下小声说话或交头接耳，不要三心二意、东张西望。

聆听的过程更是一个积极思考的过程，要边听边想，敏锐把握话语里的深层含意。

在话题未完成一个完整的阶段前，不要中途插话，更不能随意打断。

想要表达观点时，要等对方将话说完或暂告一段落时、停歇时。如果在交谈中碰到不懂的地方，情况允许时可以进行询问。

倾听时适时给予肢体反馈，如点头示意或眼神回应。

倾听时适时给予语言肯定，遇到疑惑时询问或再次确认以确保自己所理解的意思和对方一致。

倾听时避免单一长时间地只点头。

谈话交流结束时，应起身致意，甚至要表达感谢或称赞。

若中途离席要给予抱歉或说明理由，多人在场时轻手轻脚地离开，不影响他人。

第二节　陈述说法 客观有据

陈述是实现沟通目的的最重要手段。陈述时不能信口开河，而要依据一定的客观事实或原则立场准确地表达自己的观点与见解，并表达得有条有理，逻辑清晰。被誉为“房地产界的思想家”的冯仑先生，在给创业者的书《抗住就是本事》里说：“一个人从穷变富的开始便是思维模式的转变，让理性大于感性，说话办事要有理有据，并且要敢于去面对僵局。”

一、注意推论与事实

通常在观察外界的时候，人们在获得所有的必要事实之前就开始进行推论，推论的形成相当快，以致很少有人仔细考虑它们是否真的代表事实。“他未完成工作，因为偷懒”“如果您听了我的建议，您就了解我的意思了”，这些语句表示的并非事实，而是推论。有 6 种基本方法可以分辨事实陈述和推论陈述（见表 5 – 1）。

表 5 – 1　事实陈述和推论陈述

事实陈述	推论陈述
根据第一手资料下断言	根据间接资料断言

续表

事实陈述	推论陈述
根据观察下断言	根据任何一人的经验下断言
必须依据所经历的事实	超出自己所经历的
根据经验陈述	无界限地根据经验推论陈述
达到最大的可信度	仅有很小程度的可信度
得到具有相同经验的人士的认同	有此经验的人士不认同

为了避免妄下推论，在与人沟通的过程中应当注意以下情况：

第一，学会区分哪些是事实，哪些是推断。

第二，当根据从别人那里得到的信息做出决策时，要评估推断的准确性，并获得更多信息。

第三，听取别人的汇报时，让其陈述事实而不是听取他人的评价。

第四，在说服别人时要使用具体的事实而非个人的价值判断。

第五，使用文字沟通时，要表明自己的推断以便别人了解自己的看法。

第六，意识到事情的复杂性，不要将其简单化。

第七，当只看到两种选择结果时，有意识地寻找第三种甚至更多种可能出现的情况。

第八，意识到自己所得的信息是经过过滤的，自己并没有得到所有的事实。

第九，尽量向别人提供背景信息，以便别人能够准确地解释自己的观点或看法。

第十，以具体的证据、事实和事例来支持笼统的陈述和评价。

第十一，保证自己的决策建立在合理的证据之上。

二、说“理由”不如说“依据”

坚持实事求是，以理服人。在人际沟通过程中，不仅说话办事要实事求是，言论行为要符合社会规范，更要有理有据地去说服或反击。例如，面对无法及时交货的问题，我们要说明人力的数量、制作的周期、物流的时间范围以及过往的订单数据，让客户明白无法及时交货的原因。如果只是含糊其词地表示人手不足、物流太慢等，会给客户留下我们生产能力或规模技术有问题的错误印象。摆事实讲道理，说“理由”不如说“依据”，体现了沟通表达的客观性与理性。

三、避免主观评价与批判

主观评价是从个人的角度去评价，带有个人的感情色彩，有时是片面的、武断的，往往会远离经过研究推算得出的结论，对对话探讨造成负面影响。在商务谈判中要学会按照客观标准对所谈论的主题给出量化的程度与参数，并描述关键事件，把事情发生的原委进行陈述，归纳整理。学会梳理并列出判定或评估的标准，列出有关评估项目，再对每个评估项目列出若干等级的行为程度，表达出评判的结果。例如，在组织内对创业伙伴进行调整时，要避免主观地评定工作不努力等，而是通过过往的行为、错误出现的频率、项目结果的达成比来综合判定，实现对其岗位的调整。

遇到与你期望的条件不符、意见相左或是激发你的意愿度偏低等情况时，批判不如委婉告知。委婉的陈述表达更能让对方接受你的信息，批判只会让对立程度更深。恰当地运用委婉，能够鲜明地表明人们的立场、感情和态度，也能让对方更容易接受。

四、妙用“直意曲达”

由于人们思维具有曲折性和复杂性，所以要达到沟通的最佳效果，不一定要用直言不讳的说法，换个角度可能会达到意想不到的效果。传说汉武帝晚年时很希望自己长生不老。一天，他对侍臣说：“相书上说，一个人鼻子下面的‘人中’越长，命就越长；‘人中’长一寸，能活一百岁。不知是真是假?”东方朔听了这话，知道皇上又在做长生不老的梦了。皇上见东方朔面有不悦之色，喝道：“你怎么敢笑我?”东方朔脱下帽子，恭恭敬敬地回答：“我怎么敢笑话皇上呢？我是在笑彭祖的脸太难看了。”汉武帝问：“你为什么笑彭祖呢?”东方朔说：“据说彭祖活了八百岁，如果真像皇上刚才说的，‘人中’就有八寸长，那么他的脸不是有丈把长吗?”汉武帝听了，也哈哈大笑起来。东方朔要劝谏皇上不要做长生梦了，但又不好直言去规劝，只能用旁敲侧击的方法表达自己的意思。这种劝谏使汉武帝愉快地接受了。在日常生活中也常有这样的例子：当你要求别人做一件事，或者指责别人哪里有过失的时候，要尽量选择让对方感到有回旋余地的方式，把主动权交给对方。例如，某员工衣帽不整有碍企业形象，你可以说：“这样还算挺好的，但如果能够把这个颜色换一下，会更好些。”这样的话语会使员工乐于接受并心悦诚服地改正。迂回表达能够使听话者感到你是为他着想，或者感到合情合理，这就容易达到自己的目的，也给人教育和启迪。

第三节　巧妙提问 引导有方

提问在沟通中起着非常重要的作用，是互动的最佳方式。好的问题可以将大量信息压缩在少量交流中，提升沟通的效率。创业者要在沟通过程中适时地提出问题，巧妙提问、智慧发问，赢得沟通的主动地位。

一、提问的技巧

（一）开放式提问的关键词

提问时注意语言要通顺，开放式问题要有针对性。多用“为什么”“如何”“谁”“什么时候”“哪里”这样的关键词，使得问题更有针对性，可以帮助获得真正想要的信息。如果加上“应该是”“你认为”这样的词，则有可能扩大对方信息的范围。所以在需要更多信息加强评判和决策时，可考虑问开放性的问题。

（二）问题的二次重构

有些问题是很难得到答案的，被提问的人或许不愿意正面回答，或许真的无法确定。这种时候，就可以考虑问题的二次重构，或许会有出乎意料的收获。比如，你打算和客户方约谈商务合作的时间，询问“您下个月什么时候有空?”时，尽管主导权交给了对方，但对方可能还是很难回答，因为大部分人无法确定下个月具体会有什么安排。而如果问“您下个月能空一个周末出来吗?”，对方给出具体回答的概率就会很高。

（三）封闭式提问

当我们沟通中得到的信息不够准确，还存在模棱两可或信息遗漏时，可以使用封闭式提问，如："是……这样吗?"或者："下午是在大会议室进行讨论吗?"或者："明天下午见面时间是4点对吧?"这样提问可以确认信息是否正确，或者使对方给出更详细的答复。

（四）选择性问题

当我们不认可对方观点或行动方案时，可以用选择性问题进行建议和引导。应提出可能的隐患或实施的难点，并提出其他方法的可能性。例如，团队中负责市场的人提出利用媒体投放杂志的想法，当你认为传统媒体已经不是受众目标群时，可以说："我们是否考虑到受众群体的偏好?我们的目标群体是喜欢看纸质媒体还是看网络媒体，是否可以考虑一下移动端的媒体选择呢?"

二、提问的注意事项

（一）提问时机

一次成功的沟通，往往与你"问多少"很有关系。理想的问句与陈述的比例是8:2。确定一个提问是否恰当，把握时机是一个重要的因素。再好的问题，如果提问的时机不对，也不会是好问题。千万注意不可在对方未回答之前又提出第二个问题，或者说出自己的意见。

提问的时机有：

第一，在对方发言完毕之后。

第二，在对方发言停顿、间隙时。

第三，在自己发言前后。

第四，在规定议程内。

（二）适度重复提问

可以用各种方式反复提出同一问题。反复提问可以了解对方在回答这个问题时前后是否一致：如果前后一致，说明对方在对这个问题已有考虑，也有准备；如果前后不一致，说明对方对这个问题没有做深入的思考，只是临时应答而已。高明的沟通者能从对方不一致的回答中找出破绽，发现对方的真实意图，而且能在适当的时机抓住这些破绽攻击对方，动摇对方的立场。

（三）深度连续发问

对一个问题没有真正得到你想要的结论时，可以使用深度追问，连环提出不同角度的问题，直到得到全面的信息与你期待的结论。连续发问也要注意语言表达的方式，否则会给他人留下咄咄逼人或是强势霸道的印象。

结合图 5 –2，你认为该如何给这位女性提问？

图 5 –2

结合图 5 –3，你认为该如何沟通这位女学生，让她多开口说话？

图 5 –3

第四节　肢体语言 信息表达

在与人交谈时，还未开口，我们内心的真实情绪和感觉就已经通过肢体语言清楚地展现在对方眼前了。肢体语言可以激发对方谈话的兴致，也可以制止沟通的无效投入。沟通的高手一定会恰当地运用肢体语言来掌握沟通的节奏与状况。

一、肢体语言的运用

（一）激发谈话兴趣

自然微笑、身体略微前倾、时常看对方的眼睛、微微点头等，可以让对方认为你对他的话语感兴趣，从而促进沟通交流。

（二）提升谈话权威

据说在约翰·肯尼迪即将赢得总统大选时，他的顾问们和他保持了比之前更远的距离，对他表示了比之前更高的敬意。因此，仅凭加大和对方之间的空间距离，就能表现出你的气势。如果对方对你的话置若罔闻，不妨故意加大与他的距离，因为远的距离表示你能够严格控制对方。我们会注意到，当双方一起入座时，如果一方把椅子向后拖一拖，就说明他想要通过加大和另一方的距离向另一方施加压力。从心理学角度说，如果你能够随心所欲地控制与对方在空间上的距离，你就能自如地控制对方的心理。

（三）提升同频好感

一方做什么动作，另一方也跟着模仿。例如，一个人把胳膊抱在胸前，另一个人也把胳膊抱在胸前，一个人靠在墙上，另一个人也跟着靠到墙上，这种对一个姿势的模仿动作，就是“镜面连环”。模仿对方的姿势，不仅能引起对方强烈的共鸣，还能获得对方的信任，留下良好的印象。

（四）引起关注度或改变注意力

人类获得的80%的信息来自视觉，10%的信息来自听觉，剩下的10%来自触觉、味觉等其他感觉。如果在交谈中对方的视线没有停留在你身上，此时应该使用“视线转移与聚焦”的方法，让对方看向你，后续的谈话就会取得完全不同的效果。也可以使用“互补镜面连环”，做和对方完全相反的动作引起对方的注意。

二、肢体语言的解读

肢体语言的具体含义见表5－2。

表5－2　肢体语言的含义

动作	含义
环抱胳膊	拒绝，不同意
时时看手表	有时间压力，想结束
打呵欠	希望改变话题
避开看对方	不感兴趣或紧张
探出身体	有兴趣或好奇
一见面就面带微笑	友好与接受
眼光柔和地注视对方	亲切与关注
向前迈出一步打招呼	亲密与信赖
干脆利落的动作	决心与果断
抬头挺胸、从容的步伐	自信与积极
身体和眼光都朝向对方	信任与欣赏
低头、含胸	羞涩或自卑
仰视、斜视	蔑视或轻视
托下巴或指头不停点桌子	思考

结合图5－4，解读其肢体语言内容。

图 5－4

第六章　创业者的沟通策略 灵活运用

章节框架

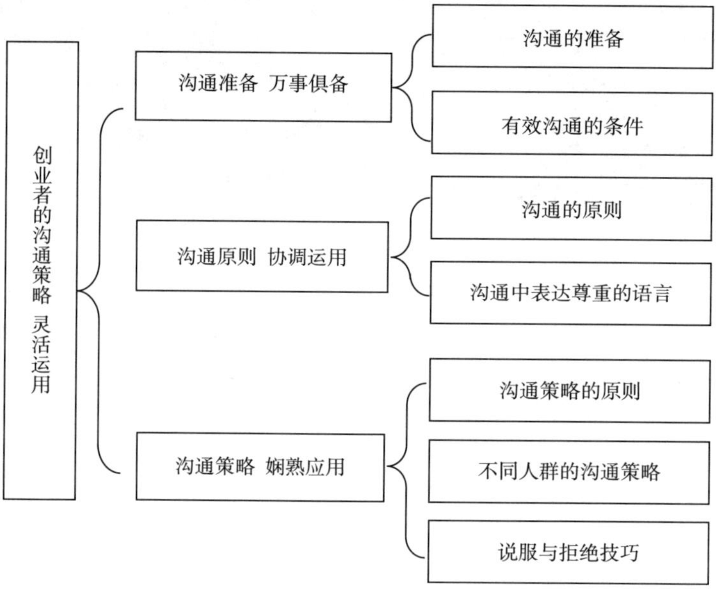

想成为一位出色的创业者，首先要成为一个出色的沟通者。一个人沟通的能力决定了他的事业前景，缺乏沟通或者不善于沟通，会带来许多分歧、冲突和难题。好的沟通能有效地解决事业中99%的问题。尤其对于创业者而言，合作意识和团队精神是创业者应具备的基本素质，沟通与合作、交流与分享都是必不可少的。

很多人只知道沟通的重要性，却不知道怎么做好沟通，所以会有很多由于沟通未做好而导致的失败和遗憾。沟通的关键是清楚以下三点：我们要和谁沟通，和他（她）沟通什么，怎么和他（她）沟通。这就需要做好沟通准备，掌握沟通原则，合理运用沟通策略。

掌握理解的人是幸福的，善于理解的人，卖掉的是银子，得到的是比金子还珍贵的东西，理解比宝石还要宝贵，上帝用智慧构成了大地的基础、以理解奠定天柱。

——《圣经·箴言》

第一节 沟通准备 万事俱备

在沟通前，沟通双方需要交换信息，发送信息的时候要准备好发送的方式和内容，从而提高沟通的效率，达到沟通的目的。

一、沟通的准备

（一）明确沟通目的

《礼记·中庸》里说："凡事预则立，不预则废。"这句话的意思是，做任何事情，事先做好充分准备就会成功，否则就会失败。在与别人沟通之前，心里一定要有一个明确的目的，如想得到客户的约见、想在客户心目中留下印象、想使客户对公司的产品感兴趣等。毫无目的的沟通只能算作闲聊不是有效的工作沟通方式。沟通的功能、取向、目标、理论及研究焦点见表6-1。

表6-1 沟通的功能、取向、目标、理论及研究焦点

功能	取向	目标	理论及研究焦点
表达感情	感情	增加组织角色的接受程度	满足、冲突、紧张、角色
激励士气	影响	致力于组织目标的达成程度	权力、顺从、期望、行为改变
信息传递	技术	供给决策所需资料的程度	决策、信息处理、决策理论
任务控制	结构	澄清任务及责任明确程度	组织设计
业务推荐	技术	说明业务内容详尽程度	产品、服务、优势
谈判合作	影响	致力于客户满意的程度	利益、价值、关系
媒体公关	影响	增强组织形象的美誉程度	形象、公众、传播

（二）制订沟通计划

明确了沟通的目的后就要开始制订较为详细的沟通计划，包括沟通方式、沟通内容等。如果情况允许，最好列一个表格，把与沟通有关的信息，如沟通的目的、主题、方式、时间、地点、对象和一些注意事项等都列举出来。实践证明，沟通计划制订得越充分，沟通的效果就越好。尤其要注意时间的把控、流程中发言人的次序等细节。

（三）预测可能遇到的异议和争执

俗话说，世界上没有两片完全相同的树叶，自然也不可能存在两个观点、信念完全相同的人。所以，对于可能出现的异议和争执，首先要有充分的心理准备，还要根据沟通内容和沟通对象等具体情况对其进行尽可能准确的预测，这也是对沟通的必要准备，有利于提升沟通的效果。著名的SWOT分析法从一定程度上明确了沟通所需确认的基本要素，这些要素包括：优势（strength），劣势（weakness），机会（opportunity），威胁（threat）。通过对这些要素的分析，较为准确地把握双方的优势、劣势，最终设定一个更合理的目标，或者说沟通各方都能够接受的目标。

（四）安排好沟通场地与设备

要避免空间环境的干扰，选择安静的无外界干扰条件的场所与空间。对于正式的沟通，设备的调控也要提前做好检查，防止音响话筒设备等出现故障，干扰沟通过程。场地空间的大小也要视情况而定，甚至包括灯光照明、温度、湿度等都需要考虑。除此之外，沟通所需要的必备资料也提前准备好，所涉及的展示物品要提前摆放。还应依据沟通时间的长短，准备好相应的茶水工具等。

（五）确定参与沟通人

沟通的主体是人，任何形式的信息交流都需要有两个或两个以上的人参加。要提前确定参与的人员，对于正式的商务沟通还要调查相关人的信息，以更好地达到沟通的效果，避免触犯他人的禁忌。

（六）重视沟通人员形象

良好的形象既能展现创业者的精神面貌与状态，又能体现自身对此次沟通的重视，给沟通的对象留下美好印象，从而提高沟通成功的可能性。着装要端庄大方，职场上的沟通一定要避免休闲装扮，否则会显得懒散或欠缺职业感。

（七）调节沟通心理

沟通者的心情和情绪准备也是很有必要的。过于兴奋、激动、悲伤、焦虑，都是不利于沟通的。沟通时要保持情绪稳定。不同的社会角色关系有着不同的沟通模式。对于角色地位不对等的沟通，我们要做好心理抗打压的准备。文化背景影响着每一个人的沟通过程，影响着沟通的每一个环节，当不同文化发生碰撞、冲突、交融时，我们要做好有心理落差的准备。在人际沟通中要尽可能保持乐观、积极、向上的态度，保持平和的心态，避免消极、悲观的心理，这样才会让沟通进行到底，达到沟通的预期效果。

二、有效沟通的条件

（一）高情商是有效沟通的先决条件

长久以来，智商一直被视为事业和生活方面成功的先决条件。后来人们研究发现，仅凭高智商是远远不够的，情商在事业和生活中扮演更重要的角色。在美国，曾有人追踪过哈佛大学一些学生在中年的成就，从薪水、生产力、社会地位等诸多方面的考察来看，在校考试成绩高的不见得社会成就高。就一个40岁左右的中年人来说，智商与其当时的社会地位有一定的关系，但影响更大的是处理挫折、控制情绪、与人相处的能力。沟通能力可以决定一个人的发展上限，情商可以决定沟通能力的优劣。要提高沟通能力，首先要提高情商。

（二）良好的文化素养是有效沟通的前提

在沟通中，人们不仅会传递信息，还会表达情感，提出意见。要想有效地与人沟通，就必须具备一定的文化素养，并通过沟通手段的运用、社交礼仪的展现、语言技巧的使用来表达自己的观点。美国著名汉学家约翰·塞维斯在一篇刊登在《洛杉矶时报》的纪念文章中这样描写周恩来总理给人的印象："凡是见过周恩来的人，没有谁会忘记他。他精神饱满，富于魅力，长相漂亮，这是原因之一。他给人的第一印象是他的眼睛。浓密的黑眉毛下边有一双炯炯有神的眼睛，你会感觉到他在全神贯注地看你，会记住你和他说过的话。这是一种使人立即感到亲切的罕见的天赋。1941年在重庆第一次会见他时，我的感觉就是这样。在重庆和延安的那些日子里，同他谈话，每次都是思想智慧的交锋，愉快得很。他文雅、和蔼、机警而不紧张，不会使人提心吊胆，幽默而不挖苦人或说话带刺。他能非常迅速地领会你的想法，但从来不在你的表达遇到困难时表示不耐烦，他自己思维敏捷，不要花招，他言行如行云流水而不夸夸其谈，他总是愿意开门见山地谈问题，而又总设法寻找共同的见解。他在设法使我们赞同他对中国和世界事物的看法，他自己对这些看法是深信不疑的。但是他这样做，靠的是冷静的说理、清晰温和的措辞、广博的历史知识、对世界的了解及深入掌握的事实和细节。"文化素质修养决定着一个人的行为方式，决定着一个人沟通能力的高低。

（三）语言表达能力是有效沟通的重要基础

人际沟通主要是通过语言进行的，语言表达能力和技巧直接影响着人际沟通的效果。要提高语言表达能力，就要培养自己的语感。语感是指人对语言的感知和反应能力，也叫语言的触发能力。语感强的人具有很强的语言感知能力和语言反应能力：前者是指当一连串的线性结构的语流通过听觉或视觉传入自己大脑的时候，能迅速而准确地领会其含义；后者是指当某种事物呈现在眼前，或某种意念产生于脑海时，能快捷地找到准确而生动的词语并进行语言的编码，将其连贯有序地表达出来。清末的梁启超有一次到武昌讲学，拜访当时的湖广总督张之洞。张之洞自恃位厚爵显、才高学富，想难为他一番，便出了个上联：“四水江第一，四时夏第二，老夫居江夏，谁是第一？谁是第二？”上联的意思是，江淮河汉四水，长江排第一；春夏秋冬四季，夏天为第二。你梁启超来到我张总督管辖的江夏，谁居首位呢？这是张之洞暗喻自己是江夏第一高官，语气非常狂妄，梁启超自然听出了对方的倨傲之意，却又不好说自己居于对方之上。该怎么说呢？他稍加思索，便对出了下联：“三教儒在先，三才人在后，小子本儒人，何敢在前？何敢居后？”下联中，“三教”指儒道释，“三才”指天地人，“儒”与“人”两字连起来就是“儒人”，可谓对仗工整，包含的巧思令人惊叹。张之洞不禁对梁启超刮目相看。梁启超对于语言的感知和反应能力，时至今日仍令人钦佩。如今人们日常沟通交谈，很少出题作诗和对对联了，但对语言的感知和反应能力仍是我们尤其是创业者必须具备的一项技能，是一个十分重要而又广泛实用的本领。

第二节　沟通原则 协调运用

一、沟通的原则

创业者在社会生活中进行沟通和交往，不仅要有良好的、正当的动机，遵守社会道德规范，而且需要采取正确的方法并遵循一定原则。无论是和客户谈论业务和合作，还是和团队伙伴制定目标与行动计划，甚至是向家人争取支持与协助等，都需要遵循沟通的原则，有礼、有力、有利地获得沟通的效果，实现双向的满意与关系的和谐。沟通的具体原则如下。

（一）尊重原则

尊重原则要求沟通者讲究言行举止的礼貌，尊重对方的人格和自尊心，尊重对方的思想感情和言行方式。这里既包括善于运用相应的礼貌用语，如称呼语、迎候语、致谢语、致歉语、告别语、介绍语等；也包括遣词造句谦恭得体，如多用委婉征询的语气；还包括采取平易近人、亲切自然的态度。当然，对对方的尊重不仅仅表现在沟通形式上，更表现在沟通中所交流的信息和思想观念上，即要把对方放在平等的地位上，以诚相待，摒弃偏见，讲真话。

（二）简洁原则

沟通有效，必须满足两个“效”，一个是“效果”，一个是“效率”。宝洁公司对简洁原则做了具体规定，要求交给高级经理审阅的文件每份不得超过两页。良好的人际沟通是追求简洁的，主张用最少的文字传递大量的信息。

（三）理解原则

理解原则要求沟通者善于换位思考，即站在对方的处境上设身处地地考虑，体会对方的心理状态与感受，这样才能产生与对方趋向一致的共同语言。同时还要耐心、仔细地倾听对方的意见，准确领会对方的观点、依据、意图和要求，这既可以表现出对对方的尊重和重视，也可更加深入地理解对方。

（四）宽容原则

宽容原则要求以谦恭容忍、豁达超然的风度来对待各种分歧、误会和矛盾，以诙谐幽默、委婉劝导等与人为善的方式来缓解紧张气氛、消除隔阂。事实证明，沟通者心胸开阔、态度宽容、谦让得体、诱导得法，会使沟通更加顺畅并赢得对方的配合与尊重。

（五）准确原则

所谓准确，是指沟通所用的符号和传递方式能被接收者正确理解。在沟通中典型的不准确信息有：数据不足，资料解释错误，对关键因素不知，存在没有意识到的偏见以及对信息的夸张等。为了保证沟通的准确性，在信息收集过程中应注意选择可靠的信息来源，用准确的语言或精确的数字客观地记录原始信息；在信息加工过程中，应采用科学的方法，尽可能地排除人为因素（如加工者的主观偏见、智力或技术水平的不足）对信息内容及其价值的干扰。

（六）及时原则

及时原则要求在信息传递和交流过程中注意信息的时效性，既要注意信息的主要内容，又要注意信息产生与发生作用的时间、范围及条件，做到信息及时传递、及时反馈，这样才能使信息不因时间推移而失真。

（七）坦诚原则

坦诚就是以诚相待，“诚”的核心是为人处世讲究忠诚老实、光明磊落。沟通时要实事求是，胸怀要坦荡，不隐瞒自己的思想观点，是非分明，在与人相处时敢于坚持真理，伸张正义，主持公正，言而有信，遵守诺言，说到做到。

（八）谦虚原则

在与人沟通交往时，切不可自以为是，摆出一副高高在上、盛气凌人的面孔；否则，不仅得不到别人的好感，还很难与他人合作共事。

（九）灵活多变原则

对不同的人和事要采取不同的对待方法。为人处世无定法，不能信守教条，要具体问题具体分析，灵活多变，讲究策略。尤其在商业往来的合作谈判中，必须灵活应对，调整策略，以降低风险或避免发生损失。

（十）渐进原则

交往一般都有一个逐步发展的过程，即初交、常交和深交三个阶段，在三个不同的交往阶段，应该把握不同的交往尺度。

（十一）互动原则

有传递有反馈，才有双方意见的交流，在互动中达成共识。谈话要避免一个人唱独角戏，共同支配时间对沟通尤为重要。要尽可能长话短说，言简意赅。给别人时间，听听他人的高见，既是对对方的尊重，也会让你有所收获。避免仅谈论自己，更不可自我吹嘘，否则会使你的形象受损。

二、沟通中表达尊重的语言

在创业团队中，良好的沟通可以体现对成员意见的重视和对大家的尊重，增强创业团队成员的认同感和忠诚度，从而发挥大家的积极性和自主性，推动事业的发展。

沟通中表达尊重的常用场景和语言见表6－2。

表6－2　沟通中表达尊重的常用场景和语言

场景	语言
与客人初次见面时	“您好”
与客人久别重逢时	“久违了”
求人解答问题时	“请教”
请人协助时	“劳驾”
要帮助别人时	“我能为您做些什么”
看望别人时	“拜访”
等候别人时	“恭候”

续表

场景	语言
陪伴别人时	“奉陪”
不能陪客人时	“失陪”
有事找人商量时	“打扰”
让人不要远送时	“请留步”
表示歉意时	“抱歉”
表示感谢时	“谢谢”“非常感谢”
告别送行时	“后会有期”“祝你好运”“一路顺风”

第三节　沟通策略 娴熟应用

在创业过程中，沟通是企业提高效率和共享信息资源的重要途径之一。无论哪种沟通，都需要因时、因对象、因地有策略地进行，方能达到预期的结果。

一、沟通策略的原则

（一）共同利益原则

注重共同利益，要求创业者弄清楚对方的利益所在。但是利益往往隐藏在立场后面，这就要求创业者透过现象看本质。一般地讲，创业者可以从以下几个角度研究对手的利益。

第一，设身处地站在对方立场上探求构成对方立场的理由，即了解对方的需求和欲望。

第二，研究对方利益的多重性。

第三，注重沟通双方的其他利益。物质利益是沟通双方关注的焦点，但不是双方关注的全部内容，其他方面如对尊严、安全感、自主、平等的渴望等都是沟通双方的基本要求，忽视这些基本要求常常使沟通以失败而告终。

（二）人事分开原则

所谓人事分开原则，是指将沟通本身的问题与沟通者之间的人际关系区别对待和分别处理，即用不同的策略处理两类不同性质的问题。沟通者在处理沟通本身的问题与沟通双方人际关系时，可以坚持以下做法：不宜在沟通中做出让步来换取双方关系的改善；不就观点和立场进行争论；努力改善双方人际关系，及时解决沟通过程中出现的矛盾。

二、不同人群的沟通策略

很多创业者在实际沟通中只下达指令，但对于执行过程不跟踪，不闻不问。

正确的沟通过程应该是这样的：首先，沟通者要向被沟通者传达清晰的工作目的和要求，并征询对方的意见，采取双向沟通或多向沟通方式。其次，达成一致意见，让对方明白你的意图和目的，确认行为列表，将责任、任务落实到具体的人。再次，执行过程中要跟踪执行情况，确认执行人是否需要协助，同时有助于识别是否存在潜在的风险。最后，沟通结束前要注意总结、回顾，以确保沟通的效果。

在工作流程中我们可以清楚地识别出与工作有利益的人（即干系人），确定他们的需求和期望，然后采取合适的沟通策略。针对不同对象的沟通策略见表6－3。

表6－3　沟通策略

类型	目标	话题
与下级沟通	合理安排工作任务，传达清晰的工作流程、规范以及测试重点和完成时间；要求下级每天提交工作日报，对一天的工作进行总结，提出风险和建议，以及时了解下级思想和工作方法	硬件或人力等资源的情况；相关部门支持力度；技术缺陷或误差等
私下沟通	团队建设中很重要的一项任务就是把合适的人放在合适的位置上。私下沟通是管理者跟下级进行思想沟通的最佳方式	职业的规划以及兴趣爱好等；学习和发展计划；依据对团队的贡献大小，进行表扬和矫正偏差；生活、家庭以及个人的感情

续表

类型	目标	话题
与合作伙伴沟通	与合作伙伴更好地达成一致的行动意志，促进成果的正确与目标的达成	工作进度和风险，以便合作伙伴及时了解公司动态，把握工作重点，调整工作计划和内容

三、说服与拒绝技巧

（一）说服技巧

在沟通场合，当对方不接受、不同意己方的观点时，要耐心、巧妙地说服对方。说服技巧有以下几种：

第一，不要一开始就批评、指责对方。

第二，不要只说自己的理由。

第三，不要把自己的意志和观点强加于对方。

第四，不要操之过急、急于求成。

第五，讲清利弊。要诚恳地向对方说明，如果接受了某个意见会有什么利弊得失。既要讲明接受该意见后双方将会得到什么样的益处，也要讲明双方的损失是什么，这样会使对方感到你处理问题是客观公正、合情合理的，也就心悦诚服了。

第六，先易后难。在说服的顺序上要先易后难，即先讨论容易解决的问题，然后讨论容易引起争论的问题。由于在简单的问题上已经取得了一定的共识，获得了一定的利益，便可以把已得的利益同正在讨论的问题联系起来，从而使说服工作变得更容易进行。

第七，选准时机。在对方情绪不稳定或在对方的思维处于极端定式时，暂时不要进行说服。

（二）拒绝技巧

在沟通过程中，拒绝别人与被人拒绝是经常遇到的现象。拒绝别人是一件十分困难的事，如果处理不妥，常常会使沟通双方陷入尴尬的境地。在沟通场合，怎样说话才能做到既拒绝了对方又不会伤害对方的自尊心，不会损伤沟通双方的友情呢?

1. 实言相告，征得谅解

这指的是直接向对方解释自己的难处，给别人明确坦率的理由。寻找托词时要注意不使对方产生误会。

2. 宜早不宜迟

如果必须拒绝对方，那就越快越好，使对方不再抱有希望而尽快另行安排。

有的人顾虑太多，明明不能满足对方的要求，却迟迟不做答复，或说话模棱两可，这样反而容易引起对方误会或导致双方关系破裂。

3. 采用委婉含蓄的方式

拒绝对方的要求只是表明这次合作不成功，并不意味着今后断绝一切交往，沟通双方仍然可能保持良好的关系。要考虑对方可能产生的想法，不要伤害对方的自尊心，并可考虑给对方留个退路，取得对方的谅解。

4. 借用名言、古训

就是借用名人、伟人、古人的话语来表达自己的意思，一方面可以使自己说出的话更具权威性，使对方深有同感；另一方面也可以避免直抒己见时太锋芒毕露。

5. 寄希望于将来

这主要是指在经过仔细比较之后，在拒绝对方的时候，用“以后会有更好的机会”来安慰对方，以美好的言辞鼓励对方，把合作的希望寄托在将来。

6. 以问代答

一般不由自己说出拒绝理由，而是提出问题，请对方权衡，由对方自己放弃要求。例如，可以说：“很感谢你们单位邀请我参加你们的活动，但是，我用同一时间还要去参加我们厂的一个新产品鉴定会，您看怎么办呢?”

被别人拒绝，心情不可能是愉快的。这时候应尽力保持风度，表现得洒脱一些。要善意地理解对方的苦衷，不使对方难为情。要注意保持友好的态度，控制情绪，不做过激的反应，同时要及早寻找别的出路。

练习1：你把文件送给领导后，还有点事想单独与他沟通15分钟，该如何操作，模拟两三个场景与对话（结合图6－1）。

图6－1

练习2：你看到曾经一起共事的两个同事在热情地交谈，你想把自己目前创业的项目介绍给你的同事，模拟两三个场景与对话（结合图6－2）。

图6－2

第七章　创业者的公众路演 津津问道

章节框架

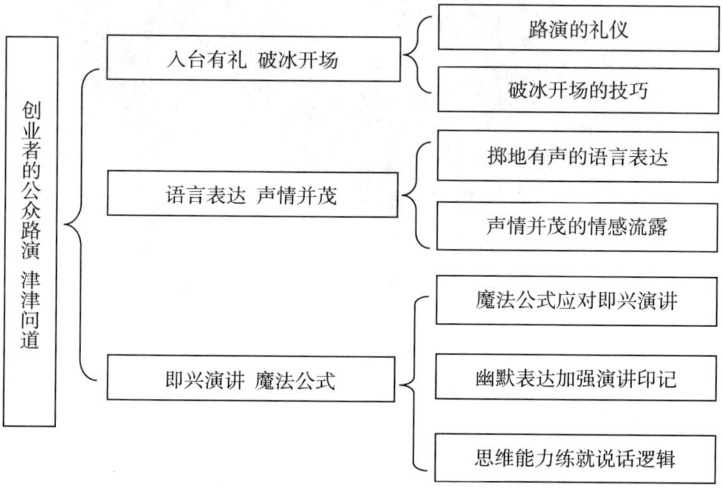

对于创业者来说，路演往往是一种展示项目或组织的机会，更是一次获得投融资的机会，也是一次创始人与其品牌、业务的营销机会。在有限的时间内成功推广路演，不仅能够引起观众的注意，激发他们的兴趣，还可以获得各方支持与最大限度地维护或者争取自身的利益。从本质上来讲，真正成功的路演应当是一次围绕中心主题的周密设计的演说，也是一种公众沟通的表达。路演不仅应当是“个人魅力”的展现，还应当是逻辑缜密、条理清楚、声情并茂的语言表达与演示。

路演有现场路演和网络路演，现场路演最为多见。例如，在推介会上向投资者就公司的经营模式、团队、产品、业绩、发展方向等做详细介绍，充分阐述公司的投资价值，让准投资者们深入了解具体情况，并回答机构投资者关心的问题。网络技术的发展催生出网络路演，即借助互联网的力量来推广。网络路演现已成为上市公司展示自我的重要平台、推广股票发行的重要方式，其以现场图片或网上直播的形式展现公司的实时场景，以增加现场交流机会。一般来说，路演前要做好以下准备：会场布置及其所需展板、图片、背景牌、横条、同声翻译器材等的租赁和制作；演讲者的名牌、名片、名套、胸花等的制作；精美的企业推介画册、招股说明书、研究报告（产品技术分析/市场分析/募集资金可行性分析报告）、幻灯片和幻灯彩册，以及企业推广视频录像、发行公司文件封套、礼品、文件礼品袋等的制作。如果是路演招商，还要做好发放传单、铺货、陈列的准备，全面展示自己的产品以争取合作客户。

第一节 入台有礼 破冰开场

路演的入台和开场一定要做好，因为好的开始意味着成功了一半。从入台到开场能给人留下好印象、吸引观众的注意力，就为路演的成功做了最佳的铺垫。举行正式路演时，创业者尤其是路演者的临场表现往往直接影响到路演的现场气氛与效果。对路演者来说，最为关键的是穿着打扮、保持风度、现场应对等。

一、路演的礼仪

（一）讲究打扮

路演者一定要注意自己的穿着打扮。应衣着整洁，大方庄重，精神饱满，切忌不修边幅，邋里邋遢。此举是为了表示自己对于路演的高度重视。

1. 修饰仪表

参加路演前，应认真修饰个人仪表，尤其是要选择端庄、雅致的发型。一般不宜染彩色发。男士应当剃须修面。

2. 精心化妆

参加正式路演时，女士应当化妆，妆容应当淡雅清新、自然大方，不可以浓妆艳抹。

3. 规范着装

参加正式路演时的着装一定要简约、庄重，切不可摩登前卫，更不可标新立异。一般而言，深色套装、套裙，白色衬衫，并配以黑色皮鞋，是较为正规的着装。

（二）提前约定时间，并按时赴约

参加过路演的创业人都知道，组织一次路演是一个“多人搭台多人唱戏”的过程，必须有较强的时间观念。什么时间入场，以什么次序上台，讲多长时间，是否有现场问答的安排等，都要进行周密安排。因此，在正式路演之前都会提前约定时间，做好路演全程的准备。一旦约定，必须按时赴约，若迫不得已需要更改时间，应提前通知主办方。言而无信的创业伙伴，失去的不仅仅是信用，还是一次真诚的合作机会。

（三）及时到场、礼貌入座

路演者应神态自然、步态轻松稳健地步入会场，从椅子的左侧入座。坐下后身体要保持端正，不转动座椅，不跷二郎腿，不要将脚向前伸或置于座椅的下面。女性坐下时要注意理裙，两腿并拢。

各方的投资人、专家、相关人员也在自己一方居中而坐，其他人员则应遵循右高左低的原则入座。为了避免失礼，一般会提前安排好入座区域或座位具体位置。无论何种路演，与会人员都应尽量提前入场，主方人员应待客方人员入座后再入座。路演等候期间遇人可点头、微笑致意。

（四）自我介绍要得体

路演的第一印象十分重要，言谈举止要尽可能地表现友好。做自我介绍时要自然大方，不卑不亢，不要表现得过于傲慢。被介绍时应起立微笑示意。台上自我介绍时，应双腿并拢，腰背挺直。开始前可以鞠躬致意或挥手问候。切忌出现搔头、揉眼等不雅动作。发言时应口齿清楚、思维敏捷，内容要简短。

（五）创造和谐的路演气氛

路演开始与结束时都要以简短的问候致意，说话要得体、自在，不要结结巴巴或语不达意。可选择与会人员感兴趣的话题作为开场白，以便引起共鸣、沟通感情，创造和谐的路演气氛。结束时应表达感谢与期望，谦逊有礼，鞠躬致别。

（六）礼貌讨论、提问与回答

如果有讨论，最好不要保持沉默。对于提出的问题，应礼貌作答。对于不能回答的问题，应机智而礼貌地说明理由。对提问者的批评和意见应认真听取，即使提问者的批评是错误的，也不应失态。在场下，想要发言时应先在心里做好准备，用手或目光向主持人示意或直接提出要求。发言应简明、清楚、有条理、实事求是。不可不懂装懂，胡言乱语。发言时不可长篇大论，滔滔不绝(原则上发言时间以3分钟为限)。不可对发言者吹毛求疵，更不可进行人身攻击。发言人发言结束时，应鼓掌致意。

（七）注重语言技巧

无论是被提问还是提问他人，给予应答和提问时要注意语言方式。内容上不要问与项目内容无关的问题，如果提出的问题对方一时答不上来或不愿回答，就不要再追问下去，要随机应变，适时转换话题。不可言辞过激或追问不休，以免引起对方反感甚至惹怒对方，但对原则性问题应当力争不让。对方回答问题时不宜随意打断，应等待对方讲完再阐述自己的见解。如果对别人讲的事有特别的补充或有紧急的事必须打断时，也要说“对不起，我想打断一下!”，以便取得别人的谅解和同意；当别人反驳自己时，要虚心听取，不要急于争辩。答完后要向解答者表示谢意。回答对方的问题要实事求是，不可敷衍了事或答非所问。如果对方对某个问题不太了解，要耐心地向对方做出解释，切不可表现得不耐烦或敷衍了事，甚至不屑一顾。路演中做出的承诺，要说到做到，恪守商业信用。

（八）认真对待与投资人的对话

与投资人谈话时，要认真听对方谈话，细心观察对方的举止表情，并适当给予回应。这样既可表现出尊重与礼貌，同时还能从中了解到对方的目的和意图。谈话过程举止要优雅适度，注意坐、站、行的姿态，目光注视对方且停留在对方双眼至前额的三角区范围内，这样会使对方感到被关注、被尊重。手势自然，不宜做大幅度的手势，以免给对方留下轻浮的印象。切忌双臂在胸前交叉，那样会显得傲慢无礼。交流要诚恳，对不同的意见应持欢迎和尊重的态度，这种态度能使我们更加平心静气地倾听对方的意见，从而体现创业者的宽广胸怀与优秀素养。遇到争论时，要运用恰当得体的语言、委婉的语气，做到心平气和，处变不惊，不急不躁，冷静处事，这样才会给对方好感。即使双方没有达成一致，也要对对方彬彬有礼、宽容大度，为以后的合作打下良好的基础。切记不要有过激的语言和行动，更不要进行人身攻击或侮辱对方。

总之，在整个路演进行期间，创业者都应当自觉地保持风度，耐心冷静，深思熟虑，量力而行。

二、破冰开场的技巧

（一）开门见山的发言

要让投资人、专家、团队成员与观众在有限的时间内专心倾听你的发言，首先内容必须简短有力，有条理。啰嗦而无头绪的发言不仅会让听众失去耐心，甚至会让他们怀疑你的专业水准。直接有力的开场白，清晰的观点陈述，必要情况下的加以强调，这样的发言会给你塑造自信、优秀的职业形象，给听众留下深刻印象。

（二）特别的自我介绍

要想给他人留下深刻的印象，独特的自我介绍是必不可少的。听众可以通过你的自我介绍看到你的阅历，读懂你的鲜明个性，了解到你从事的行业与项目。特别的自我介绍一定是经过精心设计的，把角色、个性、职业、历史、项目、期望都像烹饪一样放进锅里，但不“乱炖”，而要讲究“火候”和“烹饪技术”，甚至要讲究审美艺术。一位创业者这样自我介绍：“在蓝天上我是一个摆渡人，在地面上我是一个说戏人，在生活中我是一个演戏人，在事业里，我是一个新好人。什么是‘新好人’呢，就是我不要‘老好人’，我要去影响和帮助更多的人。2020 年对于全世界的人们来讲，都是特别不容易的一年。对我而言，作为创业者也很难，但却是我最有收获的一年。这一年我经历了人生中的‘第一次’，比如第一次站在舞台完成对百人观众的路演，第一次得到投资人的青睐获得了 200 万的天使投资，第一次在千人创业者峰会站在 C 位，第一次在 10 万人的直播间成功斩获 1 000 万的业绩，第一次一路吸着氧带领团队走向西藏挑战极限，第一次和父母因为孩子的教育与投入聊起了长达 6 小时的家庭会议，第一次引进了世界顶尖的科技设备，让我们感到不能不加大马力赶上时代的脚步。有人会问我是如何做到的，且一年竟然还有 800 小时的完全失联的天空飞行状态。这就是我，一位从空姐转身投入到互联网的创业者。”这番自我介绍，生动地展现了该创业者的成就与为之付出的努力，比平铺直叙更能给观众留下深刻的印象。

（三）引人入胜的创业故事

都说创业人一定要会讲故事，投资人多数会被创业人的故事打动。不论是否会因为故事讲得好而获得投资人的青睐，但会讲故事的创业者一定会给他人留下深刻的印象。故事讲得好才会引人入胜，平铺直叙的“纪录片”一定会让介绍效果大打折扣。讲故事就是营销的一种技能，演讲、创业、销售、营销、带团队都要讲故事。学会讲故事对于创业者来说是必须掌握的技能之一。每个创业人都有故事，每家创业公司都有故事，要拥有故事思维，让故事走进听众的心里。开场白的故事不仅要有真实的内容，还要在讲故事的同时引入路演的主题，由故事开启真正的核心思想与观点。爱因斯坦说过：“想象力比知识更重要，因为知识是有限的，而想象力概括着世界的一切，推动着进步，是知识进化的源泉。”讲故事要展开情境想象，激发听者的兴趣与拓展想象的空间。

（四）突如其来的“法宝展示”

在文学写作手法上有“借物抒情”“托物寓意”的方法。“借物抒情”是一种以描写事物来表达思想感情的写作方法。运用借物抒情的方法，关键是找准物品与自己的感情产生共鸣的地方，使物品与感情相统一，使感情有所依托。“托物寓意”是借客观事物或景物来抒述主观情思，把一个深刻的道理通过对某一物的记叙、描写、议论等表达出来。在开场时，我们也可以借鉴这样的方法，用与我们所谈话题有关的物品来表达情感与事实，吸引场下听者关注。有时候好的展示物胜过语言的表达。一位做非遗文化事业的创业者，在开场时制造了一些悬念：他拉开展示台的屏风，上百个他收集的非遗文化作品呈现在大家的眼前，他正是借由这些作品展开他的演讲的。所以我们要借物表达做好开场，而这个物的选择一定具有可以称为“法宝”的级别，有其特殊性、意义性与寓意性，且能和后面的主题内容完全契合。若没有“极品”型的“法宝”，也可以用个人私藏物品和有故事的纪念物代替。

第二节 语言表达 声情并茂

一、掷地有声的语言表达

有声语言在传情达意的过程中最直接、最常用。有声语言具有以下特性：

第一，有声性。有声语言是靠语音来表情达意的，其中各个语言单位均有声音。有声语言根据表达需要有声音高低、语调升降、语速快慢等变化。有声性是语言的本质属性。

第二，自然性。有声语言通俗、平易、自然。它保留了生活中许多语音、词汇和语法现象，如方言、俚语、儿话、相声、叠声等词汇以及省略、易位现象，表达时生动、自然。

第三，直接性。有声语言的传达和交流以面对面为主要形式，信息传递直接、快捷。有声语言还常以丰富的态势语言来配合。

第四，即时性。有声语言的表达可根据所处的语言环境随时调整、变化。发言者在不同的地点、场合，面对不同的任务对象，对谈论话题、选择角度、切入深度等都可以随机应变。

（一）有声语言要符合口语表达的要求

有声语言表达的目的是实现人与人之间思想和感情的交流，表达者都希望对方能明白、理解和接受自己的意思。这就要求有声语言符合口语表达的基本要求。

1. 准确流畅

有声语言如果词不达意、前言不搭后语，很容易被人误解，达不到交际的目的。因此，在表达思想感情时，应做到口音标准、吐字清晰，说出的语句符合规范，避免使用似是而非的语言。应去掉过多的口头语，以免语句割断；语句停顿要准确，思路要清晰，谈话要缓急有度，从而使交流活动畅通无阻。语言表达还应该让人听懂，因此尽量不要用书面语或专业术语，否则会让人感到太正规、受拘束或是理解困难。

2. 词汇丰富

要想话语表达贴切，充分发挥有声语言的表意功能，还要有丰富的词汇储备，只有在这个基础上才能精心选择最贴切、最恰当的词汇，正确地反映客观事物，真切地表达自己的思想感情。为此就要努力学习词汇，掌握丰富的词汇以及成语、格言、歇后语、惯用语、谚语等，并以它们为原材料，根据不同场合的需要，精心加以选用，增强说话的艺术效果。词汇匮乏的有声语言难免让人觉得枯燥无味。

3. 清亮圆润

音色优美的有声语言如黄莺歌声般清亮、朝露般晶莹圆润，善于变化，富有艺术魅力，令人心情舒畅。这是针对有声语言运用提出的进一步要求，是要使日常用语艺术化，从而达到最佳的表达效果。为此，首先要注意使用不同类型的声音表达内容和情感的变化：说话内容庄重时，应用严肃的声音；内容平和时，应用舒缓的声音；感到悲切时，应用沉郁的声音；亢奋时，应用高亢的声音；情感急骤时，应用短音；惬意时，则用长音。其次，要克服大喊大叫、漏气、带有喉音、鼻音太重和发音抖动等毛病，要正确使用呼吸器官和共鸣腔，加强对声音的控制力，使呼吸、声带闭合与咬字协调起来，从而使声音和谐、适度、清亮、圆润。

4. 语调起伏

语音语调同样不能忽视。女性一般声线较细，声频偏高，这样的声调显得纤细、敏感、不够稳重，所以，在整个发言过程中，要尽量采用低沉而有节奏的语调，这样的声音才有说服力，正如靳羽西女士说的那样，“让语调尽量放低，低到不能再低的程度”。除了发音要标准，吐字要清楚，内容要简明扼要外，声调要有节奏感，语调要有变化。否则，会让听者感到无趣或疲惫。

（二）将肢体语言融入有声语言

如果你希望自己的讲话内容被听众接受，就要充分运用你的身体语言。最基本的礼仪要求是：如果需要在主席台上往返走动，应步伐稳健、挺胸收腹、眼观前方，切忌东张西望，行走的速度因会议的性质而定。站立说话时，应双腿并拢，腰背挺直。以坐姿发言时，应身体挺直，双臂前伸，两手轻按于桌沿。如果背后有大屏示意，要时常抬头扫视，转身幅度要适度，不能背对观众，不能探头或低头读稿。

发言时多用自信的手势，能收到事半功倍的效果。例如，在向人们解释某个问题时，要将一只手自然地放在一边，或采用手心向上的动作，这样会显得坦白而真诚。发言过程中使用说教式的动作非但不能获得信任，还会引起别人的反感，如指指点点表示强调的动作，坐在台前交叉握着双手撑出一个高塔形状的动作等，都是不可取的。无论发言主题多么严肃，偶尔的微笑总能帮助你赢得更多的支持。可以用眼睛不时地有意地环视会场上的每一个人，就好像你在对某个人发表演说一样。不要回避或鄙视那些诋毁者的眼光，要显得自信和坦然。千万不要摆出双手紧握或双臂交叉于胸前的防卫姿势，多使用开放性的动作与保持身体舒展的状态，学会用腹式呼吸与美声发音模式，可以提升气势，更能让听众感受到我们的接纳、包容、坚定与信心。肢体动作在展现魅力的同时，也能增强说话的气场。

（三）妙用语言修辞

语言表达能力具体指用词准确，语意明白，结构妥当，语句简洁，文理贯通，语言平易，合乎规范，能把客观概念表述得清晰、准确、连贯、得体，没有语病。口语修辞的好坏直接影响听众的情绪，因此，务必在口语修辞上下功夫。这就要求：语脉连贯，讲话富于逻辑，推理论证严密；语法符合规范，有口语特点，用简单句，避免复杂句，杜绝病句；精心修饰词句，表达清楚、准确，形象生动。可运用比喻、夸张、借代、排比的修辞方法，注意运用大众化语言。语言风格要符合听众特点，这样才具有思想性、逻辑性、趣味性、启发性，才能达到启发人、教育人、激励人的目的。建议平时多读书，多记忆经典语录与网络流行语言，因为接地气的语言表达更容易让人接受。

二、声情并茂的情感流露

（一）说真话，以坦诚的心取信于人

坦诚相待是路演时收到良好预期效果的重要前提。例如，苏州一位生产企业区负责人，受国外一个财团所在的商会邀请去发表演说。他讲道："中国是个文明古国。我们的祖先将四大发明——指南针、造纸、印刷术和火药无条件贡献给人类。而他们的后代子孙，从来没有认为他们不要专利权是一种愚蠢的行为。相反，却称赞祖先为世界科学的进步做出了杰出贡献。现在，中国在与各国的经济活动中，并不要求各国无条件让出专利，只要价格合理，我们一分钱也不会少给。"这番话引起了与会人员巨大的震动和强烈的反响，而且使客户终于愿意降低专利费，双方达成了近 1 亿美元的合作项目。这段讲话，借助历史事实，寓意深刻，语气直率，不仅没有因此影响到推介路演合作项目的达成，反而让外国商会更深刻地感受到了中国人的诚心与诚信，取得了外国商会的支持。

（二）热情自然，激情有度

热情是对表达内容的兴奋之情或激情，使声音听起来富有感染力。缺乏热情的声音是单调的，会使交流的气氛沉闷压抑，使听众昏昏欲睡。要想做到声音自然，就要对语言内容非常熟悉，不死记硬背语言内容，学会自然地表述语言内容，使它听起来好像讲话者在用心考虑语言内容和听众的感受。"宁要自然的雅拙，也不要做作的乖巧。"卡耐基认为，讲话时声音自然，才能把意念表达得更为清楚，更为生动，否则很难引起听众的共鸣。

（三）感情真挚，以情动人

在进行路演时，说话人的感情直接影响表达的效果，也影响着听话人的理解和接受程度。待人真诚，给人以充分的信任，可以激励他人热情投入。其实，感情本身就是一种教育力量，最有效的手段是以情感人，以理服人。正如《庄子·渔父》中所说，"不精不诚，不能动人"，"真在内者，神动于外，是所以贵真也"。善于驾驭自己的感情，根据不同的人、事、环境、气氛，恰当地、情真意切地表达自己的喜怒哀乐，入情入理，坦诚真挚，才能够使演讲内容深入人心，引起别人的共鸣。

下面节选一段《世界因你不同：李开复自传》中的文字，来感受一下以情动人的魅力。

1995 年年初，苹果公司的 ATG 研发集团的副总裁也离职了。因此，苹果将提升一位著名的心理学家唐纳德·诺曼为 ATG 的副总裁。而当时，我的大老板仍然是当初把我挖到苹果公司的戴夫·耐格尔。在唐纳德·诺曼的任命还没有宣布之前，大老板有一次叫我去办公室聊天，征询我对 ATG 发展的意见。我看到老板来找我，就开诚布公地将自己的意见表达出来。

“ATG 队伍庞大，而且并没有严格的考核指标。因此，我认为，如果把 ATG 转换成部门，可以让这个部门的激情被激发出来。现在，公司正在面临非常严峻的挑战，这种变化不失为一个让苹果的精英们集中起来进行脑力激荡的好方法。让 ATG 的好技术帮公司渡过难关，同时可以大大减轻苹果公司的财务压力。”

戴夫·耐格尔对我的看法不置可否，他沉默了许久。

这一次，我的想法没有得到认可。这是因为，新任的 ATG 副总裁唐纳德·诺曼对这个方案不认可。他说，ATG 成立之初，很多业内大师保证给他们做研发的空间，另外，在苹果公司的市场份额越来越小的情况下，唐纳德·诺曼觉得，即使苹果公司要在这个时候缩减人员，也只能把 ATG 缩小，变得更像一个研究院。

戴夫·耐格尔虽然是把我挖到苹果公司的人，而且对我很赏识，但是他和诺曼的思维方式更相像，而且两人都是加州大学理学系毕业的，从大学开始就相互认识。最后，一个奇怪的方案产生了，苹果公司最终选择了诺曼的方案，但是同时又想照顾我的想法，于是，我的大老板做出了一个新的决定：让诺曼出任 ATG 副总裁，让 ATG 继续做研发的工作，但是要分一些人给我做产品。这意味着，作为多媒体互动部门的总监，我可以把我的团队整体带到另一个副总裁手下去做产品。

而诺曼听到这个方案以后，并不愿意我把 ATG 里的人员调走。他跑过来告诉我：“开复，你不能将一个团队带走。你应该让员工自己有选择的空间，选择你的跟你去做产品，选择和我做研发的就让我带走”。我听了这个决定，心中些许震惊。因为大家都知道，在研发部门工作，显然没有市场和考核的压力。“谁会愿意放弃舒坦的日子，而和我去做市场，去经历市场份额的严酷考验啊？”我心里这样想。

当我正绞尽脑汁想办法的时候，我听说诺曼先行一步，已经在 ATG 开起了员工大会。他一方面要求相关人员必须亲自表达意愿，才可以加入我的团队，另一方面又告诫大家，开复要研发的新产品有不小的风险，希望大家慎重选择。这样一来，我更被动了。我怎样才能说服大家跟我走呢？如果没有一个人愿意跟我走，我的处境将相当尴尬。

我没有放弃。在一个风和日丽的下午，我把我的团队拉到了一个酒店，在吃饭前，我打开自己熬了一个通宵写的PPT，讲起了新产品的规划和设计。我描述了互联网与多媒体相结合的新技术和新应用，以及它将形成的巨大发展空间，还与他们分享了新产品部门的愿景。然后，我鼓励他们分成小组，讨论这个愿景的可行性，以及在这样的愿景下自己的潜力将怎样得到更充分的发挥。

我还请来了专家，让他们指导员工扮演动物："如果你是一只动物，你会怎么拯救苹果公司?"而员工则做了各种各样精彩的表演。这个游戏让大家格外感动，也格外团结。在苹果公司利润持续下滑的几年里，这样的气氛已经越来越少了。

最后，我诚恳地对并肩战斗了几年的员工说："我并不是让大家今天就做出选择，而是做一次心灵的沟通。我把我设想的前景跟大家分享，最后大家的选择，还是遵循内心的感受。毕竟，有的人适合做研发，有的人适合做产品。但是，苹果公司正处于最危急的时刻，我认为做产品是最迫切的。让我们的产品去战胜我们的对手，苹果公司才可能真正得救。"

我清了清嗓子，开始朗诵我精心准备的一首诗——美国诗人罗伯特·弗洛斯特（Robert Frost）的《未选之路》（*The Road Not Taken*）。

The Road Not Taken

Two road diverged in a yellow wood,
And sorry I could not travel both
And be one traveler, long I stood
And looked down one as far as I could
To where it bent in the undergrowth;
Then took the other, as just as far,
And having perhaps the better claim,
Because it was grassy and wanted wear;
Though as for that, the passing there
Had worn them really about the same,
And both that morning equally lay
In leaves no step had trodden black.
Oh I kept the first for anther day!
Yet knowing how way leads on to way,
I doubted if I should ever come back.
I shall be telling this with a sigh

Somewhere ages and ages hence：
Two roads diverged in a wood，and I——
I took the one less travel by，
And that has made all the difference.

未选之路

黄色的树林里分出两条道路，
可惜我不能同时去涉足，
我在那路口久久伫立，
我向着一条路极目望去，
直到它消失在丛林的深处；
但我却选择了另外一条路，
它荒草萋萋，十分幽寂，
显得更诱人，更美丽，
虽然在这条小路上，
都很少留下旅人的足迹，
虽然那天清晨落叶满地，
两条路都未经脚印污染。
啊，留下一条等改日再见！
但我深知路径延绵无尽头，
恐我难以再回返。
也许多少年后在某个地方，
我将轻声叹息将往事回顾：
一片树林里分出两条路，
而我选了人迹更少的一条，
从此决定了我一生的道路。

全诗的最后几句，深深打动了大家。“一片树林里分出两条路，而我选了人迹更少的一条，从此决定了我一生的道路。”我看着台下的员工，动情地说：“这条路没有人走过，但是我们恰恰应该为了这个理由踏上这条路，创立一个网络多媒体的美好未来。”

正是这次真情的即兴演讲，让90%以上的员工做出了“冒险”的决定，离开相对稳定的研究部门，随我加入全新的互动多媒体部门。这个部门，正是后来QuickTime、iTunes等许多著名网络多媒体产品的诞生地。

第三节　即兴演讲 魔法公式

即兴演讲意味着发言稿不是事先准备好的，这种发言是临时性的发言，是受到某些事物的刺激或在谈话时联想和诱发出来的。即兴演讲，首先要注意观察周围事物的变化，在认真听取别人发言的基础上使思维拓展开，有言可发；其次，要思维敏捷，善于归纳综合，迅速在心中拟订发言提纲；再次，要运用尽可能多的知识，使发言有理可依；最后，要语言活泼，内容生动。

一、魔法公式应对即兴演讲

即兴演讲的方法和公式见表 7－1。

表 7－1　即兴演讲的方法和公式

方法	公式
论点罗列法	简单即丰富的三点论法
问题解决法	提出问题＋解决方法＋协助资源或行动号召
情感仪式法	感谢感恩＋展望或回顾＋祝福与期望
陈述事件法	明确观点＋案例依据、数据、证据＋原因或结论分析
互动反馈法	发问＋自问自答或自问他答＋进阶提问

续表

方法	公式
号召引领法	现象说明 + 道理论点 + 行动呼吁
自我介绍法	名字解读 + 名字渊源或故事 + 名字寓意与祝福

二、幽默表达加强演讲印记

即兴演讲时，如果演讲者风趣幽默，也会赢掌声与关注。幽默是智慧的体现，也是人的内在气质在语言运用中的外显，在演讲时能活跃气氛，化解尴尬，使语言极具感染力。幽默手法的运用必须自然，切忌强求。必须明确一点，幽默只是手法，而非目的。

幽默可以化解难堪，缓和气氛。例如，演讲时突然被邀请上台发言，可以幽默地说："每次让我发言我都像相亲见丈母娘一样紧张，不知所措。"由此大家轻松地笑了。遇到场下观众提问尴尬时，可以幽默地说："这位同学是来自火星还是金星的，总让我们这些地球人听不明白。"这样就巧妙地化解了尴尬。幽默可使你获得有力的反击武器。例如，德国大文豪歌德一次在公园散步，遇到了一个恶意攻击他的批评家。那位批评家不肯让路，并傲慢地说："我从不给傻瓜让路。"歌德立刻回答："我却完全相反！"说完，立即让到一边去了。

一个人是否幽默，不完全取决于先天因素，因此，应掌握一些构成幽默的方法，并在语言表达中注意加以运用。

（一）歪解

歪解就是歪曲、荒诞的解释。以一种轻松、调侃的态度，随心所欲地对一个问题进行自由自在的解释，硬将两个毫不沾边的东西扯在一起，看似不和谐、不合情理，结果往往出人意料。在这种因果关系的错位与情感和逻辑的矛盾之中，幽默也就产生了。例如，有人问鲁迅："先生，你为什么鼻子塌？"鲁迅笑答："碰壁碰的。"这个回答里面，既有对社会现实的不满，又有对自己生活坎坷经历的嘲讽，这样丰富的具有社会意义的内容与"塌鼻梁"这样一个自然生理特征结合在一起，便产生了无法言喻的幽默感。

（二）降用

故意使用某些"重大""庄严"的词语来说明一些细小、次要的事情的表达技巧，谓之"降用"。恰当地运用降用，可暗示自己的想法，启发对方思考，令语言风趣生动。毛泽东就是一位运用降用的行家里手。毛泽东的卫士封耀松在与一个女文工团员分手后不久又另结新欢，遭到毛泽东的反对，封耀松为此感到极为沮丧郁闷。毛泽东见状，笑着对封耀松说道："速胜论不行吧！也不要有失败主义，还是搞持久战好。""速胜论"是抗日战争时期在对日寇入侵这一问题上所持的一种军事观点，“失败主义”是当时的一种政治观点，而“持久战”则是毛泽东为此而提出的著名论断。这里毛泽东新奇地用降用劝诫封耀松在婚姻问题上不要急于求成，而应持相反的态度，以及分手后不可有悲观失望情绪，于调侃、戏谑之中，委婉地批评了封耀松在对待婚姻问题上的轻率行为。

（三）仿似

故意模仿现成的词、语、句、调、篇及语句格式，临时创造新的词、语、句、调、篇及语句格式，谓之“仿似”。它是幽默诸多构成法中最常用的一种，往往借助某种违背正常逻辑的想象和联想，把原来适用于某种语境、现象的词语用于另一种截然不同的环境和现象之中，而且模拟原来的语言形式、腔调、结构甚至现成篇章，造成一种前后不协调、不搭配的矛盾，给人以新鲜、奇异、生动的感受。毛泽东在一次报告中批评某些干部为评级而争吵、落泪时说：“有一出戏，叫《林冲夜奔》，唱词里说：‘男儿有泪不轻弹，是因未到伤心处。’我们现在有些同志，他们也是男儿，他们是‘男儿有泪不轻弹，只因未到评级时’。”这里运用的就是局部改动名词的仿似之法，显得俏皮成趣，批评有力。

（四）自嘲

自我嘲讽，是指运用嘲讽的语气来嘲笑自己的缺陷和毛病，以取得别人的共鸣，引起别人会心一笑的方法。可以用自嘲的方法展现自己的缺点，引人发笑，赢得公众的好感，将劣势转化为优势。还可以嘲讽自己做过的蠢事、自己的生活遭遇等。《吐槽大会》是一档受年轻人喜欢的栏目，其不仅展示了语言表达的魅力，也淋漓尽致地演绎了“自嘲”的艺术。

（五）辨析

辨析就是对字形、数字、姓名或常用的词组做巧妙的拆卸、组合、分辨、解析。这种“辨析”是一般人预想不到的，极其巧妙，听者先深感“出乎意外”，一经思考，又觉得在“情理之中”，幽默便油然而生。例如，薄一波初见到毛泽东，当他介绍自己姓名后，毛泽东紧握他的双手，嘴里连声说道：“好啊，这个名字很好！薄一波，薄一波，如履薄冰，如临深渊嘛！”说得周围的同志都笑了起来，毛泽东风趣的“析姓辨名”，使初次会面的客人顿消紧张情绪，感到他和蔼可亲。

三、思维能力练就说话逻辑

即兴演讲不仅考验说话的基本功，还需要依托说话人分析问题的能力和思维能力。它能使听者在较短时间内获得较多的有用信息，有助于博得对方的好感，也是说话人果断性格的表现。要做到这一点，头脑里必须储存一定量的知识，并且运用一定的思维方式清晰、层次分明地将想说的话表达出来。大脑里建立一个思维空间站是很有必要的。

思维空间站就像行驶在人类大脑中的宇宙空间站，里面有我们的各种思维，如逆向思维、深度思维、多解思维、联想思维、平面思维、发散思维等，我们可以利用这些思维方法对自己所遇到的事情进行处理，使即兴演讲获得成功。

（一）逆向思维

逆向思维即反向思维，是指对传统的思维定式做反向思考。人们往往习惯于从头到尾、从因到果、顺时针发展等，而善于反向思维的人能从尾到头、从果到因、逆时针回溯等，因而反向思维能从传统认为是正确的观点、正常的现象中发现谬误和不足之处，也能从传统认为是错误的观点、不正常的现象中发现真理。

（二）深层思维

所谓深层思维，是指从一般的思维结论入手，做更深入一步的思考和剖析。人们往往习惯于已有的、现成的结论，思维的惰性阻止了人们做深层次的思考，往往也就不能发现现有结论掩盖下的新思想、新结论。多问几个为什么，不断深度探寻就是最好的训练深度思维的方法。

（三）多解思维

所谓多解思维，是指从不同的角度、不同的途径，用不同的方法得出同一结果的思维方法，最典型的多解思维是数学中的“一题多解”，多解思维的名称就是由此而来的。擅长多解思维法的创业者不容易走向死胡同，也不会轻易钻牛角尖，他们为达到商业目的，往往能从多种不同的角度，采用多种不同的方法，解决商业难题，打破僵局，争取更多的创收机会。

（四）联想思维

所谓联想思维，主要是指抓住原来没有有机联系的事物在某种时间上或者空间上的接近关系、某些特点方面的相似或对立性，在其中建立起某种联系。运用好联想思维，能起到令人预料不到的效果。例如，创业者往往会针对目标群体进行分析，如由年轻的客户群联系到运动赛事、商业广场、品牌广告、明星粉丝、购物品牌等，这样才能更全面地认知年轻消费群体，企业的市场定位和产品定位才会更加精准。

（五）平面思维

著名思维学家德·波诺认为，“平面”是相对于“纵向”而言的，纵向思维主要依托逻辑，只是沿着一条固定的思路走下去，而平面思维则偏向于多思路地进行思考，为此他打了一个通俗的比方：在一个地方，老打不出水来。按照纵向思维思考的人，只会嫌自己打得不够努力而增加努力程度。而按平面思维法思考的人则可能考虑选择井的地方不对，所以与其在这样一个地方白白努力，不如另外寻找一个更容易有水的地方打井。

（六）辐射思维

辐射思维即发散思维、求异思维，是指从同一种情况中导出不同的结果来。

它是根据已有信息，从不同角度、不同方向思考，从多方面寻求多样性答案的一种展开性思维方式。没有想象和联想思维能力，就无法形成辐射思维。辐射思维是创新思维最重要的基础之一。

总之，语言是思维传递的工具，是思想的记录与输出，没有智慧的大脑，无法让语言锦上添花。因此，我们平时多多训练自己的思维能力，方能拥有独立的立场与独到的观点，让语言充满内涵与力量。

图 7 -1 为 7 个参加路演的学生，请结合附录 1 的案例，给他们设计路演内容与演讲内容，模拟场景。

图 7 -1

附录1　创业者说——创业案例集锦

一、互联网科技类

（一）葛欢阳

葛欢阳的创业历程见图1和表1。

图1　葛欢阳

表1　葛欢阳的创业历程

项目名称	个推
企业名称	浙江每日互动网络科技股份有限公司
创业时间	2010年
公司简介	每日互动是互联网领域知名的SAAS服务提供商以及大数据服务提供商，已完成C轮7亿融资，旗下产品“个推”是国内市场占有率第一的推送服务，日服务手机终端7亿台；其推出的场景化移动营销平台“个灯”，登陆戛纳广告创意节

续表

创业历程	在原公司工作两年后，葛欢阳从技术转向产品岗位。离开公司后，又转向销售岗位，并遇到了当时正蓬勃发展的每日互动，成为这个创业团队的一分子。在团队的协作和努力下，2011 年 5 月，每日互动推出首个产品“个信”，是国内第一个 IP 短信类项目，获得了新浪、百度等多个大型企业的投资。 2012 年，公司业务转型向业内开放核心能力，提供移动智能终端的推送服务——“个推”。公司核心技术不断得到市场的认同和接纳，占据国内接近 90% 的第三方推送市场份额，成为行业的领导者。 葛欢阳的规划是让公司保持在 SAAS 服务领域的领先优势，并在数据服务领域达到行业领先地位
经验分享	学弟学妹们，在校期间可以养成许多的好习惯，让未来的轮廓慢慢清晰。 一个人的天赋并不是最重要的，态度决定一切。在人生的道路上，我们并不一定要求自己成为一个多么伟大的人，我们需要寻找一个适合自己的位置，让生活持续地保持那份热爱与激情

（二）金智超

金智超的创业历程见图 2 和表 2。

图 2　金智超

表2　金智超的创业历程

企业名称	杭州淘蛋网络科技有限公司
创业时间	2010 年
公司简介	杭州淘蛋网络科技有限公司依托互联网技术，面向高校、企业及社会人士开展网商的培训、互联网创业分享会等
创业历程	大学期间，金智超与几个热爱创业的朋友一拍即合，合资经营一家眼镜专卖淘宝店。打口水仗、奔波于货源和市场、因学生身份而被商家冷落……重重困难并没有打倒他们，团队之间相互鼓励，互助成长，最终获得了不错的收益。这让他尝到了创业的甜头，也为他之后创办杭州淘蛋网络科技有限公司打下了一定的基础。 初创杭州淘蛋网络科技有限公司，金智超从一个人到组建一个卓有成效的团队，再到激发团队的凝聚力和创造力，直到发展营销，每天起早贪黑，熬夜加班已是家常便饭。 他的目标是寻求更多的合作伙伴，把公司发展壮大。他每天出席多场培训讲座，常常会忙得连吃饭都顾不上，此外还要修改 PPT、整理文案，常常只睡三四个小时就要起床去给学生们讲课。创业不易，但是他一直在坚持
经验分享	年轻人，要有梦想，更要有实现梦想的魄力。大学最关键的任务并不只是读了多少书，接受了多少知识，而是要开始真正地去寻找自我。要始终追逐自己的梦想，不让“未来的你”对“现在的你”懊悔不已

（三）李梦迪

李梦迪的创业历程见图3和表3。

图3　李梦迪

表3　李梦迪的创业历程

项目名称	赢加 TV——手机创投平台
企业名称	杭州印赢佳文化创意有限公司
创业时间	2014 年
公司简介	赢加 TV 采用视频的形式为创业者与投资人牵桥搭线，是一个系统的创业生态链，集招聘、媒体、技术外包、服务器等产业上下游资源于一体，为创业助力。平台不仅打破了传统的投融资方式，更利用了移动端传媒的特点，高效地减少了跨地域间的创业者和投资人的时间成本。 公司主营业务为：投资融资平台、创投视频媒体、企业视频服务
创业历程	2012 年毕业后，李梦迪以优异的成绩考入浙江电视台，主持创投栏目《资本相亲会》。毕业两年内，对财经感兴趣的她几乎包揽了杭州大大小小的创投沙龙，被业内誉为“最懂创投的美女主持”。 2014 年 10 月，她从浙江广电集团离职，放弃外人眼中的铁饭碗，投身创投圈，创办了手机创投平台“赢加 TV”。面对家人的反对以及外界的质疑，她选择用成绩说话。 如今，她的“赢加 TV”聚集了中国投资圈的顶尖大佬
经验分享	创业，是一个不断去解决原来最不想解决的事情的过程，有困难就去解决，就像打怪兽一样，坚持下去，所有的经历都会成为一份宝贵的回忆，经历后就会变得更强大

二、文化传媒类

（一）刘逸凡

刘逸凡的创业历程见图 4 和表 4。

图4　刘逸凡

表4　刘逸凡的创业历程

企业名称	杭州哆哩广告有限公司
创业时间	2016年
公司简介	杭州哆哩广告有限公司主营设计、制作、代理、发布国内广告（除网络广告发布），企业管理咨询，承办会展，组织文化艺术交流活动（除演出及演出中介），影视策划等
创业历程	2010年，大二的刘逸凡是杭州最早一批的淘宝男模，这份兼职贯穿了他的大学生涯，也为他的创业积累了人脉与资源。 他曾任杭州电视台《生活大参考》的主持人，后自主创业，拥有杭州哆哩广告有限公司期权。主持人的职业经历对他的创业很有帮助。 在公司，他担任新媒体总监，主要负责推广平台。公司已签约估值10亿元的网红模特，在杭州拥有一定规模的淘宝拍摄基地以及经纪人团队
经验分享	大学四年可以学到很多东西，要尽可能去探索外面的世界，参加社会活动，做很多想做的事情。当然，千万不可以忽略学业，专业学习对人潜移默化的作用，远比你想象的重要得多

（二）倪慧达

倪慧达的创业历程见图5和表5。

图5　倪慧达

表5 倪慧达的创业历程

企业名称	杭州若美文化策划有限公司
创业时间	2013 年
公司简介	杭州若美文化策划有限公司，主要从事视觉传达、公关活动、数字营销等业务，长期与政府、大型房产公司、高端汽车公司合作。公司以全新的管理模式、完善的技术、周到的服务、卓越的品质为生存根本，始终坚持用户至上，用心服务于客户，坚持用自己的服务去打动客户
创业历程	倪慧达在大学期间就热衷于创业实践，一手创办了钱江学院未来企业家协会及主题创业集市，在学生中颇具号召力。2013 年，倪慧达创立了杭州若美文化策划有限公司。 倪慧达回忆，创业之初谈生意时紧张得汗流浃背，思路明明很清晰，却词不达意。公司遇到过货到不付款的情况，一单生意下来损失几万元，这对于刚起步的公司也是不小的打击。 而现在，倪慧达已经蜕去当年的稚嫩，不管什么样的问题都能从容应对
经验分享	学弟学妹们，大学这四年要锻炼自己，多涉猎、尝试，有更强的沟通能力，有更高的情商，有更开阔的眼界。可以在大学生涯尝试一份销售的工作，和陌生人接触、谈话，推销你的产品，迅速提高销售能力

三、教育培训类

（一）董家农

董家农的创业历程见图 6 和表 6。

图6 董家农

表6　董家农的创业历程

企业名称	杭州创元教育咨询有限公司
创业时间	2007 年
公司简介	杭州创元教育咨询有限公司，位于杭州市余杭区，主要经营与体育相关的教育培训、技能培训、信息咨询，同时业务覆盖体育用品销售、体育赛事策划、会展管理、物业管理、营销策划等
创业历程	董家农在大一就有创业的理想，他始终告诉自己："无论成功与否，尽力去做，如果失败，那就再来一次。" 有着体育学专业背景的他，更加了解体育培训市场的痛点与需求。初创期的他总是有很多的想法，常常与团队一起头脑风暴，尝试各种方式的经营、管理模式。 他慢慢地了解到：当一个生意人选择把"倒买倒卖"的事情变成长线作战时，他就向企业家的身份迈近了一步。随着慢慢走向把生意做成事业的阶段，他发现，原来简单二维的事情多了时间、空间、人事等诸多复杂因素，一下子就变成了四维，管理难度呈几何倍数增长。 创业的过程中他总是觉得时间不够用，身体总是在行走，头脑总是在飞速运转，他笑谈"创业，归根结底是在和自己作斗争"
经验分享	选择任何发展方向都需要付出代价，真正的战略在于根据自己的资源和优势，选择战术和作战目标。一切与自身情况不匹配的战略，都是不可行的

（二）王津津

王津津的创业历程见图7和表7。

图7　王津津

表 7　王津津的创业历程

企业名称	杭州津津教育咨询有限公司
创业时间	2014 年 5 月
公司简介	杭州津津教育咨询有限公司于 2014 年 5 月注册成立，专注于青少年体育兴趣培训班和高考艺术类定向培养班，开创了杭州首家“协议班”，以个性化、小班化教学全力助考
创业历程	最初，王津津被“人间天堂”和马云的励志故事吸引，离开齐鲁大地，在杭州开始人生新的旅途。 大三时，他在某夏令营中担任生活老师，这是他第一次接触青少年社会工作领域。工作中，他发现物质生活充裕的孩子并不一定幸福，创业的种子就此埋下。 毕业时，他报考了西湖区的公务员，可惜折戟沉沙。于是，他沉下心，与志同道合的朋友一起创业，在青少年教育这片海洋中扬帆起航。 在公司运营中如何处理好公益与盈利间的关系？对于许多社工学生而言，“助人自助”的理念已经在他们心中生根发芽。在保证基本生活开销的前提下，他会尽己所能为需要帮助的青少年提供最大的帮助，在公益与盈利间寻找平衡点。 商业与公益相结合的发展模式也是王津津今后努力的方向，他已经有了发展的构思，也开始在夏令营方面实践
经验分享	赠人玫瑰，手有余香。即使工作很平凡，我们也可以努力让世界变得更好一点

（三）何宁宁

何宁宁的创业历程见图 8 和表 8。

图 8　何宁宁

表 8　何宁宁的创业历程

企业名称	杭州星宁自闭症儿童康复中心
创业时间	2010 年
公司简介	帮助自闭症儿童恢复的专业机构
创业历程	大学时，学体育的何宁宁特别想做平面模特，但没有这个平台。偶然间看到“淘女郎”就注册了，抱着试试看的心态选择了这条道路，没想到一路走下来还小有成就，成为淘女郎中的佼佼者。 大四时机缘巧合，她到了一家自闭症儿童康复中心实习，开始接触自闭症的孩子。毕业后她就留在了康复中心任教，有这里一待就是 3 年多。 在那些任教的日子里，她每天早上骑着电瓶车上班，七点钟就要打卡，很辛苦。曾经有人问她：“淘女郎挺好的，干嘛要去上班?”她也曾辞过职，但两个月后发现这不是自己想要的生活，心里很空，一想到康复中心家长、学生的脸就会难过。正好一起工作过的老师提议创业，于是她们就合伙创办了星宁。在学校，她们采取老师一对一带学生的方式教学，何宁宁就单独带过 10 多名自闭儿童
经验分享	每个人都有迷茫的时期，若是一直都处于迷茫的牛角尖中，成长就会比较慢。公益不在于钱，而在于心

四、运动休闲类

（一）储步云

储步云的创业历程见图 9 和表 9。

图 9　储步云

表 9 储步云的创业历程

企业名称	浙江源点家庭服务有限公司
创业时间	2014 年
公司简介	浙江源点家庭服务有限公司的主要业务为养老服务、陪护服务、医院后勤管理等。公司已与嘉兴武警医院、嘉兴市第二人民医院、嘉兴市中医院、塘汇医院、民丰医院、桐乡市中医院等开展合作
创业历程	毕业后，储步云担任了浙江圣达集团有限公司董事长的秘书，分管集团下属浙江圣爱慈善基金会的日常工作。由于专业背景是社会工作，他很好地胜任了这个岗位，得到了上司的肯定。 两年后，他返回故乡嘉兴，发现当地的社区社工发展趋势良好，生活水平改善，居民对于社区社工的要求也随之提高。于是他先后创办了嘉兴市柴草人食品安全服务中心、嘉兴市嘉德社工事务所、浙江源点家庭服务有限公司。 他运用社会工作的方法服务消费者，倡导企业的社会责任和与企业有关的社会公共政策，以家政服务、养老服务、社会参与为主要内容，以推动社会、企业与员工的共赢发展为目标
经验分享	在所有人都认为不行的时候，你依旧要坚信自己的选择。要适当地给自己积极的心理暗示，做一个乐观向上的人，还要将自己的梦想付诸实践，落在实处

（二）侯国

侯国的创业历程见图 10 和表 10。

图 10 侯国

表10　侯国的创业历程

企业名称	杭州牧马人户外运动有限公司
创业时间	2013年
公司简介	杭州牧马人户外运动有限公司是一家充满活力的专业化旅游服务企业。公司不但拥有最新的旅游资讯、最灵活的旅游路线，而且不断吸收现代化旅游创新概念，致力于打造杭城高品质的团体出游服务公司
创业历程	侯国一进入大学便开始了自己的创业计划。他用实际行动在旅游行业做出了一点成绩后，加入了第一家创业公司——“联动旅行”。 “联动旅行”以周边游为主要出发点，进行电影式的旅游体验，在大学生旅游市场小有名气。 之后，他与伙伴们进行了二次创业，注册成立了“牧马人”，有了之前的经历，他的二次创业颇为顺利。“牧马人”主推业务是个性化旅行定制，主营团建、度假、拓展等高品质小团队出行业务，为企事业单位提供专业的“私人定制”，以推动社会、企业与员工的共赢发展为目标
经验分享	创业路上会遇到各种各样的困难，但同样，我们也有更多解决它们的办法，这需要你自己寻找

（三）黄恺翔

黄恺翔的创业历程见图11和表11。

图11　黄恺翔

表 11　黄恺翔的创业历程

企业名称	1891 Arena 运动馆
创业时间	2014 年
公司简介	1891 Arena 致力于从客户角度出发，打造专业的球类运动综合体，希望通过运动健身、配套的增值服务以及心理健康辅导等内容来达到提升大众生活品质、改善身心健康的效果
创业历程	在大学期间，黄恺翔的专业是社会体育指导与管理，因为一直以来对篮球运动充满热忱，在四年的大学学习生涯中他逐渐萌生了开一家高端篮球生活运动馆的想法。在毕业后，黄恺翔前往菲尔德哈勒姆大学就读体育商务管理专业，成功拿到硕士学位后回国。通过多年针对性的理论学习以及对中国体育产业发展的长期关注和分析，同时借鉴海外成熟体育产业运作的经验，他与几名志同道合的伙伴带着梦想与情怀共同创立了 1891 Arena 运动馆。 公司以文化推广和赛事培训为主题，场馆条件优越，颠覆了现有球馆的管理模式，吸引了美国 NBA 球员洛佩斯兄弟前来参观，这使得黄恺翔和他的团队知名度提高
经验分享	学弟学妹们要记住，先就业后创业，要利用大学所学加上毕业后的工作积累，先熟悉周围环境及每个行业的盈利模式，再选择自己喜欢的方向去创业，这样会少走一些弯路

五、贸易电商类

（一）陆孙丹

陆孙丹的创业历程见图 12 和表 12。

图 12　陆孙丹

表12　陆孙丹的创业历程

项目名称	日雅光电 LED 超薄面板灯系列
企业名称	嘉兴日雅光电有限公司
创业时间	2008 年
公司简介	嘉兴日雅光电有限公司是一家集研发、生产、销售于一体，专业从事 LED 超薄面板灯系列产品的高科技企业。公司依托国家光仪中心、浙江省光学学会等专业技术平台，承接贴牌生产，拥有业界专业、齐全的硬件设备，主营出口与国内上市公司代工生产，公司已拥有 300 多名员工，年销售额高达两亿多元
创业历程	毕业后，打算一展宏图的陆孙丹选择直接创业。他最先尝试的项目与自身专业——旅游业相关，但初涉创业遇到了巨大的瓶颈，于是他转战集成吊顶专卖。 后来，陆孙丹涉猎了许多行业，如布衣家纺、墙纸工程销售、户外亮化、合同能源管理等，一次又一次的失败并没有击溃他的创业信心。 2012 年，他创办了嘉兴日雅光电有限公司。公司初创时仅仅只有四名工人，但在家人的支持下，事业蒸蒸日上，他也实现了自己的人生价值
经验分享	学弟学妹们，多尝试，多挑战，多拼搏，说不定成功就在某个转角处等着你。你不跑去看看，怎么知道不行呢？勇往直前，趁年轻，希望十年后，你们也可以是优秀校友，述说着自己的故事

（二）钟谢彪

钟谢彪的创业历程见图 13 和表 13。

图 13　钟谢彪

表 13　钟谢彪的创业历程

企业名称	杭州马到贸易有限公司
创业时间	2014 年
公司简介	杭州马到贸易有限公司的主营业务为国内女装电商以及全球创意产品电商的零售批发。主要运营的产品有竹木创意产品、时尚女装、个性服饰配饰等。
创业历程	2008 年至 2015 年，钟谢彪就职于阿里巴巴国际站，负责阿里巴巴海外市场推广与销售的业务，主要任务是向全球的中小企业推广阿里巴巴 B2B 业务。 2014 年，钟谢彪创办杭州马到贸易有限公司，主营女装批发电商，并创立凹森 WowAwesome 创意产品品牌、韩阙 Hans&Chic 女装品牌。 公司业务范围基本涵盖全球所有国家和地区，主要目标市场是欧美市场。公司还为一些国内小众的高品质品牌提供代理服务，负责其海外市场推广销售
经验分享	大学毕业后的职场经历是很有必要的，经过社会的打磨和经验积累，就可以找到自己的兴趣点和擅长的领域，开创一番事业

（三）谢存波

谢存波的创业历程见图 14 和表 14。

图 14　谢存波

表14 谢存波的创业历程

企业名称	阿坝县藏家壹号家具馆
创业时间	2015年
公司简介	阿坝县藏家壹号家具馆位于四川省阿坝县，是一个为藏文化和汉文化的交流融合做着努力的家具馆
创业历程	大学期间，谢存波在组织活动、协调安排工作时，学会了有效地与人交流、让自己的工作顺利开展、突发情况发生时处理补救措施的运用等。这时的他已对未来有了小小的规划。 毕业五年内，他游览了10多个国家，走过30多座城市，通过一次次的行走丰富自己。 最终，他选择创立阿坝县藏家壹号家具馆。创业教会了他细心和钻研，每发一封邮件，他必定检查三遍以上。因为他深知，工作期间一个数字上的错误就可能直接导致公司经济的损失。 他喜欢与不同文化背景的人交流，也最重视和尊重他们的风俗习惯和文化背景。现在，他正在为汉藏文化交流融合的事业做着努力
经验分享	大学期间，一定要与有丰富经验的老师、学长多交流，他们可以为你带来新鲜的信息和资源，让你接触课本无法带给你的东西，提升个人素质和内涵。 年轻的我们，不应当以金钱来衡量自身的价值，拥有丰富的知识和深厚的阅历才是每个人都应当追求的

附录 2　创业者的心理素质测验

古希腊哲学家苏格拉底曾经提出一个著名的命题——“认识你自己”。他认为，人之所以能够认识自己，是因为人有理性，认识自己的目的在于认识最高真理，达到灵魂上的至善。在我国，老子说过“知人者智，自知者明”。可以说，从古至今，人们对于自我的认识始终处于无尽的探索之中。古语云“人贵有自知之明”，特别是创业者，创业路上的忙碌让我们无暇思考，越来越迷失了自己的方向。始终了解自己才能更好地创业。

想要成功，就要从认识自己开始。个人的心理素质表现在很多方面，如抗压能力、忍耐程度、多重处理事务的能力与心理稳定性等。创业者不仅要在处理事务方面有特殊的本领，如知人善用、排解纠纷、有高超的组织能力，还需自我认知到位，能扬长避短，认准目标，认真刻苦，高效作业。久而久之，创业之树自然会结出丰硕的成果。

准备创业和在路上的创业者们，想知道你的创业修炼指数吗？下面是一份自我测试。做测试时，可以翻笔记、查字典，可以互相交流，可以求助朋友老师。没有交卷时间的限制，还可以定期反复测验。快来测试一下自我的“创业潜能”吧。测验共 24 题，答对得 1 分，答错不得分。

1. 你在下列哪一种条件下会决定创业？

a. 等有了一定工作经验以后

b. 等有了一定经济实力后

c. 等找到天使或风险投资公司投资以后

d. 现在就创业，尽管自己口袋里没几个钱

e. 一边工作一边琢磨，等想法成熟了再创业

2. 你认为创业成功的关键是：

a. 资金实力　　b. 好的想法

c. 优秀团队　　d. 政府资源和社会关系

e. 专利技术

3. 以下哪项是创业公司生存的必要因素？

a. 高度的灵活性　　b. 严格的成本控制

c. 可复制性　　d. 可拓展性

e. 健康的现金流

4. 开始创业后你立刻做的第一件事情是：

a. 找投资人
b. 撰写商业计划书
c. 物色创业伙伴
d. 着手研发新产品
e. 选择办公地点

5. 创业公司应该：
a. 低调埋头苦干
b. 努力到处自我宣传
c. 看情况顺其自然
d. 找合作伙伴进行联合推广

6. 在招聘员工时最重要的是什么？
a. 学历高低
b. 朋友推荐
c. 成本高低
d. 工作经验

7. 产品进入市场的最佳策略是：
a. 价格低廉
b. 广告投入
c. 口碑营销
d. 品质过硬

8. 和投资人交流的最有效的方式是：
a. 出色的现场 PPT 演示
b. 详细的商业计划书和财务预算
c. 样品当场测试
d. 朋友的引见
e. 通过财务顾问的代理

9. 选择投资人的关键因素是：
a. 对方是一个知名投资机构
b. 投资方和团队不设对赌条款
c. 谁估值高就拿谁的钱
d. 谁出钱快就拿谁的钱

10. 下面哪一项是风险投资公司投资决策中最重要的因素？
a. 商业模式
b. 定位
c. 团队
d. 现金流
e. 销售合约

11. 从哪句话里可以知道对方其实对你并没有实际兴趣？
a. “我们有兴趣，但是最近太忙，做不了此项目”
b. “你们的项目还偏早一些，我们还要观察一段时间”
c. “你们如果找到领投的风险投资公司，我们可以考虑跟投一些”
d. “我们对这个行业不熟悉、不敢投”
e. 上面任何一句话

12. 创业团队拥有 51% 的股份就绝对控制了公司吗？
a. 正确
b. 错误

13. 创业公司的 CEO（首席执行官），首要的工作责任是：
a. 制定公司的远景规划
b. 销售
c. 人性化的管理
d. 领导研发团队
e. 争取到投资资金

14. 凝聚创业团队的最好办法是：

a. 期权
b. 公司文化
c. CEO 的魅力
d. 工资和福利
e. 团队的激情

15. 创业公司的财务预测中最重要的是：

a. 销售增长
b. 毛利率
c. 成本分析
d. 资产负债表

16. 创业公司的日常运营中最重要的工作是：

a. 会议记录的及时存档
b. 业绩指标的合理安排和及时跟踪
c. 团队的经常性培训
d. 奖惩制度
e. 管理流程的完善

17. 创业公司的日常运营中最棘手的问题是：

a. 人的管理
b. 销售增长
c. 研发的速度
d. 资金到位情况
e. 扩张力度

18. 创业公司产品市场推广效果的衡量标准是：

a. 广告投入量和覆盖面
b. 营销推广的精准程度
c. 产品出色的品质保证
d. 广告投入和产出比例
e. 产品价格的打折力度
f. 品牌的市场渗透率

19. 防止竞争最有效的手段是：

a. 专利
b. 产品包装
c. 质量检查
d. 不断研发新产品
e. 比竞争对手更快地占领市场

20. 创业公司的第一大客户竟然是个“土财主”，你会：

a. 一视同仁地为他提供服务
b. 指导他如何来积极配合你的工作
c. 修理他，给他点颜色看看
d. 提供全面服务 + 免费成长辅导

21. 你认为创业公司中最大的风险是：

a. 市场的变化
b. 融资的失败
c. 产品研发的速度
d. CEO 的个人能力和素质
e. 决策机制的合理性

22. 当创业公司账上的资金仅能维持不到三个月的时候，应该采取的措施是：

a. 立刻启动股权融资

b. 通知现有公司股东追加投资

c. 立刻大幅度削减运营成本，包括裁员

d. 打电话给银行请求贷款

e. 把自己的存折和密码交给公司会计

23. 创始人之间发生矛盾时，你会：

a. 坚持原则，据理力争　　b. 决定离开，另起炉灶

c. 委曲求全，弃异求同　　d. 引入新人，控制局势

24. 投资创业公司的理想退出方式是：

a. 上市　　b. 被收购

c. 团队回购　　d. 高额分红

e. 以上都是

参考答案：

1. d　2. c　3. e　4. d　5. b　6. d　7. d　8. c　9. b　10. c　11. e　12. b　13. b　14. b　15. a　16. b　17. a　18. d　19. e　20. d　21. d　22. e　23. c　24. e

如果你的得分是0～8分，说明你还不具备的基本知识，不要贸然创业哦。

如果你的得分是9～16分，说明你游走在创业的梦想和现实之间，继续打磨打磨吧。

如果你的得分是17～24分，恭喜，你已经做好了创业的基本准备，大胆往前走喽！

附录3　创业者之歌

Think Different

Here's to the Crazy Ones.
The misfits.
The rebels.
The troublemakers.
The round pegs in the square holes.
The ones who see things differently.
They' re not fond of rules.
And they have no respect for the status quo.
You can quote them, disagree with them,
Disbelieve them, glorify or vilify them.
About the only thing that you can't do is ignore them.
Because they change things.
They invent, they imagine, they heal,
They explore, they create, they inspire.
They push the human race forward.
Maybe they have to be crazy.
How else can you stare at empty canvas and see a work of art?
Or sit in silence and hear a song that hasn't been written?
Or gaze at a red planet and see a laboratory on wheels?
We make tools for these kinds of people.
And while some may see them as the crazy ones, we see genius.
Because the people who are crazy enough to think that they can change the world,
Are the ones who do.

参考译文：

非同凡想

向那些疯狂的家伙们致敬
他们我行我素
他们桀骜不驯
他们惹是生非

他们与世人格格不入
他们用不同的角度看待事物
他们从不墨守成规
他们也从不安于现状
你可以引用他们，也可以否决他们
质疑他们，颂扬他们，亦或诋毁他们
但唯独不能漠视他们
因为他们改变了事物
他们发明、想象、治愈
他们探索、创造、引领
他们让人类向前跨了一大步
或许他们是被迫成疯
一张白纸你能看到还没画出来的图画吗？
四周寂静你能听到还没写出来的歌曲吗？
仰望星空你能看出天竞物演吗？
这样的人是有用之才
别人眼里的疯子，是我们眼中的天才
因为只有那些疯狂到以为自己能够改变世界的人
才能真正地改变世界

参考文献

［1］黄坪．现代礼仪学［M］．武汉：武汉大学出版社，2013.

［2］鲍德瑞奇．礼仪书：得体的行为与正确地行事［M］．北京：中国人民大学出版社，2012.

［3］孙志河，刘彩琴．职业礼仪［M］．北京：经济科学出版社，2015.

［4］波斯特．商务礼仪指南［M］．李琳娜，刘霞，译．北京：电子工业出版社，2006.

［5］李霞．社交礼仪［M］．北京：北京大学出版社，2015.

［6］科林斯沃斯．我最需要的职场礼仪书［M］．姜莱，译，北京：北京联合出版公司，2012.

［7］英格丽．你的形象价值百万：世界形象设计师的忠告［M］．北京：中国青年出版社，2005.

［8］李霞．商务礼仪实务［M］．北京：清华大学出版社，2016.

［9］金正昆．社交礼仪教程［M］.3 版．北京：中国人民大学出版社，2010.

［10］李飞．品位男人的礼仪书［M］．天津：天津科学技术出版社，2015.

［11］罗纳德·B·阿德勒．沟通的艺术［M］．插图第 15 版．北京：北京联合出版公司，2014.

［12］永松茂久．高效沟通：成功人士的 36 种说话技巧［M］．北京：中国科学技术出版社，2020.

［13］杨天真．把自己当回事儿［M］．北京：北京联合出版公司，2021.

［14］李尚龙.1 小时就懂的沟通课［M］．北京：北京联合出版公司，2020.

［15］王春芝．停止无效沟通：沟通力升级的 53 种策略［M］．北京：人民邮电出版社，2017.

［16］姜军．最受欢迎的沟通方式和技巧［M］．南昌：江西教育出版社，2015.

［17］山口拓朗．好好接话［M］．林丽樱，译．北京：北京联合出版公司，2013.

［18］刘墉．刘墉的处世情商课：给年轻人的成长指南［M］．北京：中国

友谊出版公司，2013.

［19］许罗丹，林蓉蓉．管理沟通［M］．北京：机械工业出版社，2012.

［20］赵周．拆出你的沟通力Ⅱ［M］．北京：国家开放大学出版社，2014.

［21］阿德勒，普罗科特．沟通的艺术：看入人里，看出人外［M］．插图修订第14版．北京：北京联合出版公司，2017.

［22］马修麦凯，戴维斯，范宁．人际沟通技巧［M］．上海：上海社会科学院出版社，2005.

［23］曾仕强，刘君政．人际关系与沟通［M］．北京：清华大学出版社，2009.